北朝鮮の実質ナンバー2

金与正《キムヨジョン》の実像

守護霊インタビュー

大川隆法

Ryuho Okawa

まえがき

本書のまえがきを書いている三日前の六月十二日、世界には確かに激震《げきしん》が走った。トランプ大統領と金正恩《キムジョンウン》委員長が、シンガポールのホテルで友人であるかのようにふるまっているのを見て、去年までの原爆・水爆開発と、ＩＣＢＭで相互に撃ち合うかもしれないという、恐怖のシナリオは一体どうなったのかと、世界のマスコミが懐疑《かいぎ》的になっているのは当然だろう。

また、平和的繁栄をうたいながら、米国側からは、北朝鮮の体制保証を与え、北朝鮮が非核化を確約するといった結論には、「トランプ外交敗《やぶ》れたか。」と思った人も多かろう。

本書では、米朝会談の舞台裏を、北朝鮮の実質ナンバー2と思われる、正恩氏の実妹、金与正《キムヨジョン》氏が守護霊インタビューで率直《そっちょく》に語ったものである。今後の世界の方向性がはっきりと見てとれることだろう。

二〇一八年　六月十五日

幸福《こうふく》の科学《かがく》グループ創始者兼総裁《そうししゃけんそうさい》　大川隆法《おおかわりゅうほう》

北朝鮮の実質ナンバー2　金与正の実像　守護霊インタビュー　目次

北朝鮮《きたちょうせん》の実質ナンバー2 金与正《キムヨジョン》の実像
守護霊《しゅごれい》インタビュー

二〇一八年六月十三日　収録
東京都・幸福の科学総合本部にて

9　金与正氏守護霊が日本に期待している内容　147

「霊言現象《れいげん》」とは、あの世の霊存在の言葉を語り下ろす現象のことをいう。これは高度な悟《さと》りを開いた者に特有のものであり、「霊媒現象《れいばい》」（トランス状態になって意識を失い、霊が一方的にしゃべる現象）とは異なる。外国人霊の霊言の場合には、霊言現象を行う者の言語中枢《ちゅうすう》から、必要な言葉を選び出し、日本語で語ることも可能である。

また、人間の魂《たましい》は原則として六人のグループからなり、あの世に残っている「魂のきょうだい」の一人が守護霊《しゅごれい》を務めている。つまり、守護霊は、実は自分自身の魂の一部である。したがって、「守護霊の霊言」とは、いわば本人の潜在《せんざい》意識にアクセスしたものであり、その内容は、その人が潜在意識で考えていること（本心）と考えてよい。

なお、「霊言」は、あくまでも霊人《れいじん》の意見であり、幸福の科学グループとしての見解と矛盾《むじゅん》する内容を含《ふく》む場合がある点、付記しておきたい。

北朝鮮《きたちょうせん》の実質ナンバー2 金与正《キムヨジョン》の実像
守護霊《しゅごれい》インタビュー

二〇一八年六月十三日　収録
東京都・幸福の科学総合本部にて

金与正《キムヨジョン》（一九八七？〜）

北朝鮮《きたちょうせん》の政治家。朝鮮労働党中央委員会政治局員候補、同党中央委員会第一副部長を務める。第二代最高指導者の金正日《キムジョンイル》を父に、第三代最高指導者の金正恩《キムジョンウン》を兄に持つ。

質問者　※質問順

綾織次郎《あやおりじろう》（幸福の科学常務理事 兼《けん》 総合誌編集局長
兼「ザ・リバティ」編集長 兼 ＨＳＵ講師）

里村英一《さとむらえいいち》（幸福の科学専務理事〔広報・マーケティング企画《きかく》担当〕兼 ＨＳＵ講師）

及川幸久《おいかわゆきひさ》（幸福実現党外務局長）

［役職は収録時点のもの］

1　マスコミが報じられない米朝首脳会談の深層

日米マスコミの報道状況《じょうきょう》

大川隆法　昨日《さくじつ》（二〇一八年六月十二日）は、シンガポールで、アメリカのトランプ大統領と北朝鮮《きたちょうせん》の指導者である金正恩《キムジョンウン》氏との会談がありました。

さまざまな報道がありましたので、そのうちの幾《いく》つかのものに接している方も多いでしょう。

日本のマスコミの扱《あつか》いを見ると、テレビも新聞も、やはり「右」から「左」まで、どちらかといえば懐疑《かいぎ》的な感じの報道には見えました。

「左」のほうは、もしかしたら手放しで喜ぶのかなとも思っていたのですが、そうではなく、「左」のほうも懐疑的で、「これで、本当に何か進むのでしょうか」という感じは「右」のほうと同じでした。

それから、アメリカの新聞を三紙ほど見たところ、二紙は、少なくとも、ヘッドラインというか見出しのところに、トランプ大統領が会談のあとで解説的に話していた部分を捉《とら》えて、「北朝鮮の武装の削減《さくげん》が速《すみ》やかに進む」というようなことを出していたので、表面上は、多少、一歩を進めたように伝えたのかなと思います。

もう一紙のほうはそうではありませんでしたが、いずれも内容的には、多少からかっている部分はあるので、何とも言えない部分はありました。

おそらく、アメリカ国民の側《がわ》から見た場合には、昨日《きのう》の会談では、「少なくとも、北朝鮮からアメリカ領に向けて、核《かく》兵器を付けた大陸間弾道弾《だんどうだん》は飛んでこないことが決まった」というようには見えるでしょうから、「アメリカ人が攻撃《こうげき》を受けることはない」ということにはなったのだと思います。

それと同時に、「米朝戦争がすぐに始まって、アメリカの軍人である若者たちが死ぬようなこともない」ということが分かったのだと思います。

さらに、トランプ大統領は、「（北朝鮮非核化のための）費用は韓国《かんこく》や日本が出せばいい。アメリカは払《はら》わない」と言っていましたので、アメリカは、お金は一ドルも払わずに済み、何も損がないということになります。アメリカ・ドメスティック、つまり国内的に考えれば、「アメリカは、北朝鮮から攻撃されなくなり、アメリカの人命を損《そこ》なわれることもなく、お金も一ドルも損なわれない」ということで、「アメリカ第一」的に考えれば、「アメリカにとっては、めでたしである」という捉え方もできるだろうと思います。

一方、日本のほうを見ると、拉致被害者云々《らちひがいしゃうんぬん》についてだいぶ強く言いすぎていたところもありました。まあ、日本のドメスティックとしては分かるのですが、国際情勢としての「北朝鮮とアメリカのトップ会談」ということであれば、少し邪魔《じゃま》をした面はあったのではないかと思います。

残された家族が、「千載一遇《せんざいいちぐう》の機会」と思うのは当然ですが、やはり、申し訳ないけれども、会談テーマのトップに来るのは「核兵器の除去」でしょう。世界的には、そうなるはずです。

日本人が拉致されたのは、四十年前からあった事件であるので、この問題がトップに来るというのはおかしな話であり、特に、去年（二〇一七年）の北朝鮮の弾道ミサイル発射と核実験を見れば、こちらが最大の脅威《きょうい》のはずであり、最大のテーマでなければいけないでしょう。

にもかかわらず、「生きている家族を取り戻《もど》す最後のチャンス」というようにあまり言いすぎると、これはある意味で、アメリカに「戦争してくれるな」と言っているようにも取れなくはありません。アメリカから見れば、アメリカの民主党の人権派が言うようなことを、安倍《あべ》首相を中心に言っているように見えなくもないので、決して右翼《うよく》には見えず、左翼に見えた面もあったかなと思います。

結局は、日朝交渉《こうしょう》もやらなければいけないことになったわけなので、また経済援助《えんじょ》とか、そういうものとの引き換《か》えになるかもしれません。（今回の会談で拉致問題の解決を期待するのは）少し無理はあったかなとは思っています。

それから、「会談で、核兵器については話ができたが、その前段階の弾道ミサイルのところまでは行けなかった」とのことですが、これは、おそらく前日にはもう分かっていたことではあろうと思います。そのため、会談時間も短めに設定したのではないでしょうか。

首脳会談中のトランプ大統領の指導霊《しどうれい》とは？

大川隆法　それで、トランプ大統領としてはどう考えたのかということですが、私が昨日の会談のときの指導霊《しどうれい》をずっと視《み》ていたところ、政治家ではなく宗教家が指導をしていたのです。ノーマン・ビンセント・ピール博士がトランプ大統領の指導霊をずっとやっていたので、「トランプ大統領は、宗教家的にアプローチしたのだろう」と私のほうは見ています。そのことは、彼の言葉の端々《はしばし》に感じられました。

トランプ大統領は、自分の結婚《けっこん》式をピール博士の教会で挙げています。実業家としてやっていたときは、成功したときも失敗したときも、おそらくピール博士の思想に頼《たよ》って、神につながろうとしていたのだろうと思います。

したがって、昨日の会談は、実務的なものではなく、宗教家的な意識がかなり〝オーバーシャドー〟していたのではないかと推定されます。

今回の米朝首脳会談を、成功と見るか失敗と見るかはいろいろであり、これからの展開次第《しだい》であろうとは思います。「口約束だけをして、何もしない」という

●ノーマン・ビンセント・ピール（1898 ～ 1993）　アメリカの牧師・著作家。ポジティブ・シンキング（積極思考）の創始者的存在であり、著書『積極的考え方の力』は全世界で 2 千万部の大ベストセラーとなった。

従来のやり方であったならば、何も進んではいないと言えますが、もし「人物対人物」でお互《たが》いに認め合って、「いける」と見たのであれば、今までとは違《ちが》う展開がある可能性もなきにしもあらずです。

その意味で、トランプ大統領のカードの切り方として、金正恩氏側がいちばん欲《ほ》しい「体制の維持《いじ》」のカードを最初に切ってから、「朝鮮半島の非核化」という話に持っていき、そのあとに、「経済的な平和と繁栄《はんえい》」の話に持っていったのを見ると、トランプ大統領は、宗教的な意識もあったけれども、もう一つは、おそらく、（金正恩氏に対して）「父親と息子《むすこ》」のようなものを感じたのではないかと推定します。

「自分が金正恩氏の年代のころ、実業家としてどれほど大変だったか」ということを、いちおう考えたのではないかと思います。そういうパターナリズム（父親的温情主義）的なもので彼を自分のほうの土俵《どひょう》に引き込《こ》み、人間関係を築くことで、約束の履行《りこう》をしていく方向に仕向けていこうと考えたのかもしれません。
これ以上は交渉では進まないところまで来ていたので、おそらく、そういう感じで持っていこうとしたのでしょう。

「独裁者と組んだほうが話は早い」――トランプ大統領の考え方の中身

大川隆法　それと、金正恩氏は独裁者的な体質ではあるけれども、トランプ大統領としては、「誰《だれ》が決めているか分からないような国よりは、独裁者が決めてくれるほうが話は早いので、この男が実権を握《にぎ》っている間に、やろうとすればできる」と判断したのなら、ガシッと組んだのは、一つの戦略的な考え方ではあったのかなと思います。

したがって、アメリカ側から見ると、もし、本当に非核化がスムーズに進んでいくようであるならば、孫子《そんし》の兵法的に言えば、「戦わずして勝つ」ということが戦略的にできる可能性が半分ぐらいはあります。

要するに、実際に核戦争をやって勝ったところで、そうとうな被害が出るので、砲火《ほうか》を交えることなく、向こうの独裁者の手によって核兵器を除去させることができるなら、それがいちばんスマートな勝ち方でしょう。

ただ、今までの大統領だったら、それはできなかったわけなので、そのへんに違いがあるのかどうかが、これからはっきりするだろうと思います。

それともう一つ、テーマは「核兵器の除去」であるので、これは明らかに「北朝鮮の負け」なのですが、それを敗戦に見せないようにし、大国同士の対等の会合をやっているように、ショーマンとして〝政治ショー〟を見せたわけです。

これは、北朝鮮国内での報道のさせ方として、「対等にやっているように見せながら、実質上は、核兵器を撤去《てっきょ》させていく」というかたちですが、去年までの戦略を転換《てんかん》させたことを報道させるために、そういうふうにホストのように振《ふ》る舞《ま》いながらやったということを意味します。戦略的にプラスのほうに見るならば、そういう見方でしょう。

しかし、マイナスのほうに見るならば、「何ら成果はないけれども、とりあえず、大口を叩《たた》いて、歴史的な会談風にやってみせた」ということになるでしょう。

トランプ大統領の攻《せ》め方は「徳川家康《とくがわいえやす》の大坂城攻《おおさかじょうぜ》め」のよう

大川隆法　金正恩氏のほうは、そうとう緊張《きんちょう》していたようではあります。私のほうから見ると、客観的には、金正恩氏が中国に飛び込んでいき、南北会談で韓国とも直接対談をし、そして、アメリカとも「直接会いたい」と言ったところを見れば、経済的にはそうとう逼迫《ひっぱく》しているのは確実だと思われます。

国民の四割ぐらいが栄養失調とも言われているので、「戦争をするまでもなく、これは敗れる」ということが分かったとすれば、バカではないのだと思います。

金正恩氏は、トランプ大統領の性格から見て、「窮鳥懐《きゅうちょうふところ》に入《い》れば猟師《りょうし》も殺さず」で、〝困った鳥〟が懐のなかに入ってきたら、それを叩きのめしたりはしないと考えたのだろうと思います。そのへんは、金正恩氏には勝負師のところがあり、実際に不動産王として生きてきたトランプ大統領から見れば、「なかなかの勝負師だな」というように見えたのかもしれません。

そういう意味で、トランプ大統領としては、あちらを大国のように見せて、体面をつくりつつも、実質的には、核兵器の除去をさせ、〝外堀《そとぼり》の部分をまず埋《う》める〟という作業をしようとしたのでしょう。

もし、核兵器の部分を本当に除去できれば、あとは、普通《ふつう》のミサイルなどがいろいろありますが、これだけでは大量な破壊《はかい》と殺傷はできません。通常兵器だけということになれば、一発撃《う》っても被害は数百人が限度で、何十万、何百万、あるいはそれ以上の人が急に死ぬことはまずありませんので、〝外堀〟をまず埋めて、「家康《いえやす》の大坂城攻《おおさかじょうぜ》め」のような感じでやるつもりなのかなというようにも見えました。

それから、「核兵器の除去は、科学的には十五年はかかる」と言っていましたが、時間がかかるのは実際にそのとおりなので、トランプ大統領としては、うまいこと大統領任期の第二期へとつなげようとしたのかなと取れなくもありません。大統領としてある程度の実績を残しつつ、「まだ仕事が終わっていないので」ということで、第二期につなげようとするところまで計算は働いた可能性はあります。

「国際舞台《ぶたい》に引きずり出し、開国を迫《せま》る」という図式

大川隆法　金正恩氏自身は、緊張もしていましたし、大国アメリカの大統領と会うことに、そうとう怖《こわ》い思いもしただろうとは思いますが、その一方で、トラン

プ氏は北朝鮮を国際舞台《ぶたい》に引きずり出すことには成功しました。

これは、北朝鮮に「開国を迫《せま》っている」ということでもあります。かつて、鎖《さ》国《こく》をしていた日本を開国させたのと同じように、外国へ引きずり出して、マスコミに取材をさせたり、いろいろなものを見せたりすることで、開国を迫っているようにも見えました。「北朝鮮を、どういうふうにスムーズに開国させるか」ということを考えているように見えたのです。

そういう図式が見えるのですが、おそらく、北朝鮮側から報道すれば、〝大本《だいほん》営《えい》発表〟型で報道することは可能だろうと思います。「やはり、核大国になったので、アメリカと堂々と互角《ごかく》の対談をし、実績としては、北朝鮮の体制の維持というカードを手に入れ、そして、朝鮮半島の平和に寄与《きよ》することになった」という感じの報道は可能になるので、そこまで考えた上でのことではないかとも思います。

もし簡単に決裂《けつれつ》していたならば、ゼロに戻るだけであり、「戦争をするかどうか」という段階に戻るだけなので、一歩は進めたかったのだろうと思います。

ただ、実務的な詰《つ》めなどが何もできていなかった部分は、多くのマスコミの言うとおりではあったのかなと考えます。

2 謎《なぞ》に包まれた金与正《キムヨジョン》氏の実像とは

金与正氏研究の重要な一次資料を

大川隆法　それで、今回の米朝の交渉《こうしょう》の最初のほうには出ていませんでしたが、昼ごろから、金与正《キムヨジョン》氏という、金正恩《キムジョンウン》氏の妹さんが出てきました。

金与正氏は、この前の朝鮮《ちょうせん》半島の南北会談（二〇一八年四月二十七日に板門店《はんもんてん》で行われた南北首脳会談）のときに、かなり存在がはっきり見えてきましたし、その前の二月の平昌《ピョンチャン》オリンピックのときには金正恩氏の代理で行って、親書を文《ムン》在寅《ジェイン》大統領に渡《わた》したり、韓国《かんこく》の大統領の横に座《すわ》って競技を見たりしていました。実質上の序列がかなり高いことを見せた方ですが、北朝鮮の「事実上のナンバー

2《ツー》」ではないかと推定されています。

彼女は、会議をやっているときには、秘書室長風の動き方をしてはいます。

兄の金正恩氏と金正哲《キムジョンチョル》氏、それから、この金与正氏の三人は、外交官の子供という名目で、中学ぐらいのときにスイスに留学をしています。このときには三人で一つの家に住んでいたようではあるので、仲は良かったようです。そういう意味では、信頼《しんらい》できる妹なのではないかと思います。

私が彼女の映像を観《み》るかぎりでは、頭はかなりよい方なのではないかと推定しています。そうとうクイックな動き方をするので、「留学させてみたら、妹のほうがよくできた」というパターンではないかと思います。

今朝《けさ》、（この人の守護霊《しゅごれい》と）少しだけ話をしたのですが、たぶん、この人が実質上、参謀《さんぼう》総長のような感じなのでしょう。

金正恩氏が承認を求めるのは、奥《おく》さんではなく、この人であり、この人が「0

K」と言えばOKで、「駄目《だめ》」と言えば駄目という判断になっているらしいのです。

仕事としては、秘書的な仕事もしていますが、「どうも宣伝および国民の洗脳の仕事においてトップにいるらしい」ということも分かってはいます。

そういうことなので、もし、金正恩氏に、病気や事故、暗殺、戦争などによる死亡等があった場合には、この人が実質上、北朝鮮のトップになる可能性は極《きわ》めて高いと推定されます。

今朝の話では、「今回の米朝会談の意味については自分が説明できる」ということを言っておられました。（この人の守護霊霊言《れいげん》を収録するのは）初めてなので、話を聴《き》いてみるのもよいのではないかと思います。

台湾《たいわん》で蔡英文《さいえいぶん》氏が総統になったときには、幸福の科学が彼女の守護霊霊言を出しましたが、蔡英文氏に関する本としては、あれが世界で初めて出た本だったよ

●彼女の守護霊霊言……　『緊急・守護霊インタビュー　台湾新総統　蔡英文の未来戦略』（幸福の科学出版刊）参照。

うです。

（金与正氏に関しても）新しい資料ができるかもしれません。関心を持ってはいても、どのような人かはっきり分かるまでのものはないので、今回、第一次資料ができる可能性は高いと思います。

「当会の本が初めて（の資料）」というものは、けっこうあるのです。蔡英文氏もそうですが、平安時代の●賀茂光栄《かものみつよし》に関する本を出したのは、どうも当会が最初らしく、（検索《けんさく》で）賀茂光栄を調べると、幸福の科学の霊言集がトップのほうに出てくるかたちになっています。

今回、もし、ある程度の内容が取れれば、金与正氏に関する研究において、いちばん重要なものになるかもしれません。

能力的なものと考えの方向を聞いたり、「どのように、この会談を見たのか」ということを聞いたりすれば、この人の傾向《けいこう》と今後の動きが分かり、兄を操縦す

●賀茂光栄に関する本……『日本を救う陰陽師パワー』（幸福の科学出版刊）参照。

る方向性が見えるのではないかと思います。

今、トランプさんの守護霊に訊《き》いても、金正恩氏の守護霊に訊いても、〝大本営発表《だいほんえい》〟しか言わないのはほぼ分かっており、訊いてもしかたがないので、金与正氏の守護霊に訊いて、実務的にどうなのかを詰《つ》めたいと思います。

収録日の朝、大川隆法を訪ねてきた守護霊《しゅごれい》たち

大川隆法　今日の朝、私のところに来たのは、この人の守護霊《しゅごれい》が四番目でした。

一番目と二番目、三番目には幸福の科学の内部の人たち（の守護霊）が来ました。

一番目に来たのは釈量子《しゃくりょうこ》・幸福実現党党首の守護霊です。当然、来ましたが、私は締《し》め上げられて、あちらは一言《ひとこと》も発さずに怒《おこ》っている状態でした。

二番目には、おそらく、（月刊「ザ・リバティ」編集長の）綾織《あやおり》さんの守護霊

だと思われる者が出てきました。

綾織　すみません（苦笑）。

大川隆法　この人も何も語らず、一生懸命《いっしょうけんめい》、足の裏をかくしぐさをするので、「何だろう?」ということで、秘書には意味が分からなかったのですが、私は、「ああ、隔靴掻痒《かっかそうよう》という意味だろう」と推定しました。「靴《くつ》の裏から足をかいても、かゆいところに届かない」という感じの、ジャーナリストとしての悔《くや》しさを意味していたのだと思います。

三番目に来たのは、おそらく、私の長男（大川宏洋《ひろし》）の守護霊だと思われますが、「先日、シンガポールに行って見てきたよ」というような感じだったので、「帰りなさい」と言って帰らせました。

四番目に出てきた人は、名乗らなかったのですが、総裁補佐《ほさ》が「金与正氏（の守護霊）ではないですか」と言い、そのとおりでした。
この人については少し前から気にはしていて、「（守護霊霊言を）録《と》ろうかな」と思ってはいたので、今回、チェックを入れたいと思っています。

金正恩《キムジョンウン》氏の妹、金与正《キムヨジョン》氏の守護霊《しゅごれい》を招霊《しょうれい》する

大川隆法　前置きとしては、そんなところでよろしいですかね。
あとは、（質問者の）みなさんの力で、だいたいアウトラインがつかめ、向こうの本音が見えたら、ありがたいかなと思います。よろしくお願いします。

質問者一同　よろしくお願いします。

大川隆法　（合掌《がっしょう》・瞑目《めいもく》をして）それでは、北朝鮮の指導者・金正恩《キムジョンウン》氏の妹で、「実質上のナンバー2」と思われる金与正《キムヨジョン》氏の守護霊《しゅごれい》をお呼びいたしまして、幸福の科学総合本部でお話を伺《うかが》いたいと思います。

金与正氏よ。

金与正氏よ。

お初にお目にかかります。

幸福の科学において、お兄さん（の守護霊）がたくさん話されたように、私たち日本人にも分かるように言ってくだされば幸いです。

（約十秒間の沈黙《ちんもく》）

3　完全非核《ひかく》化と制裁解除、駆《か》け引きの内実

冒頭《ぼうとう》から「日本文化への憧《あこが》れ」を語る金与正《キムヨジョン》氏守護霊

綾織　こんにちは。

金与正守護霊　はい。

綾織　ようこそ、幸福の科学総合本部に、そしてまた、日本にお出《い》でくださいました。ありがとうございます。

金与正守護霊　うん。ディズニーランドとかね、行けるようになるといいですね。

綾織　一説によると、「一九九〇年代にディズニーランドにいらっしゃった」という話があります。

金与正守護霊　ええ、そうですけどね。また行けるようになるといいですね。

綾織　ああ、なるほど。そういうご希望をお持ちでいらっしゃるわけですね。

金与正守護霊　うん、うん。ええ、ええ、ええ。そういう関係になるといいですね。

綾織　なるほど。日本とも、そういう関係になっていきたいと?

金与正守護霊　そういうふうに考えています。

綾織　ああ、そうですか。これ自体が大きなニュースですね。

金与正守護霊　私らの母は在日(朝鮮人《ちょうせんじん》)ですのでね。

綾織　はい。

金与正守護霊　日本文化への憧《あこが》れを、ほんとは持っているので、「敵対したい」という気持ちを、もともと持っているわけではございません。

綾織　なるほど。

「機転が利《き》き、頭の回転が速い」という印象を与《あた》える金与正氏

綾織　今日は、昨日《さくじつ》行われました米朝首脳会談の翌日になります。いろいろと、まだ記憶《きおく》も新しいかと思います。

金与正守護霊　ああ、そうですねえ。

綾織　マスコミ報道ではなかなか分からない内実のところを、プロセスも含《ふく》めまして、ぜひ、ご解説いただきたいと思っております。

金与正守護霊　そうですか。分かりますかなあ。分かりますかなあ、私で。

綾織　金正恩《キムジョンウン》委員長とずっと一緒《いっしょ》に、この一連の会談をこなしてきておられます。

金与正守護霊　ええ。

綾織　マスコミで映し出されている映像を観《み》ましても、非常に機転が利《き》いて……。

金与正守護霊　ありがとうございます。

綾織　身のこなしがすごく軽《かろ》やかで……。

金与正守護霊　ありがとうございます。

綾織　誰《だれ》が見ても、「この人は、本当に頭の回転が速い」ということが分かりますので、すべて把握《はあく》……。

金与正守護霊　ありがとうございます。離婚《りこん》されたときには、愛人にでもしてください（会場笑）。

綾織　（笑）その予定はないんですけれども……。

金与正守護霊　ああ、そうですか。

綾織　ええ（笑）。ありがとうございます。

あけすけなトランプ大統領には、二重三重で構える必要がない

綾織　昨日の会談を終えられて、どのように思われているのでしょうか。今の率《そっ》直《ちょく》なお気持ちをお伺《うかが》いしたいと思います。

金与正守護霊　まあ、よかったんじゃないですか。

トランプさんが、ああいう方なので……。「非常にあけすけ」と言ったら、あれなのかな。正直な方で、そのときそのときの、ほんとの気分でしゃべってくださる方なので。

綾織　なるほど。

金与正守護霊　何と言うかなあ、二重三重で構える必要はなく、向こうが言ってくることをストレートに聞いて判断すればよかったので、交渉《こうしょう》の相手としては、非常に分かりやすい相手でした。

もっと複雑に考えるタイプ、用心深いタイプだと、交渉にならないけれども、（トランプさんは）経営者として不動産王ですから、独裁者気質を持っており、「トップがＯＫと言えばＯＫ」という考えがよく分かるタイプなので、交渉としては時間を短縮できるタイプですね。

そもそもＣＶＩＤは主権国家には受け入れられないもの

綾織　私どもから見ますと、やはり、焦点《しょうてん》は「非核《ひかく》化」の部分です。

いろいろなことが事前に言われていて、「完全かつ検証可能で不可逆的な非核化」（ＣＶＩＤ）ということをアメリカは要求していたわけですが、結局は、この非核化が、何だかよく分からない文章として合意文書に出ています。

そのため、「これが本当に実行されるのかどうか」という点が、いちばん気になるところです。

これについては、どのようにお考えになりますか。

金与正守護霊　あれを、交渉の際に、「いちばん強いカード」として出してくるのは分かるんですけどね。ただ、あれが、ほんとに言葉どおりできるとなったら、（北朝鮮は）全部を占領《せんりょう》されている状態でしょう。そうでなければ無理だと思います。

綾織　ああ。はい。

金与正守護霊　それだったら、できると思いますが、まだ主権国家として残っていて、それをやる感じだったら無理です。譲《ゆず》れない。そこまでやるんだったら、もう、平壌《ピョンヤン》が米軍にほとんど占領されている状態でしょうねえ。ないしは、（北朝鮮の統治が）国連に完全に移行されて、国連の委任統治下になっているならできるでしょうけど、「今の状態で一気にあそこまで行くのは、やっぱり、主権国家としては無理かなあ」と。

綾織　うーん。

金与正守護霊　だから、兄に対しても、「一回目の会談で、ここまで（合意文書に）入れることは不可能」と私も申し上げました。

綾織　なるほど。

ということは、今後、最終的には、「完全かつ検証可能で不可逆的な非核化」に向けて進んでいくおつもりはあると考えてよろしいのでしょうか。

金与正守護霊　もちろん、相手があることですので、「アメリカの言っていることが本当に実行されてくるかどうか」が大事です。

ただ、こちらは「段階的に」と言っています。これも文書にはならなかったのですが、段階的にやらないと信用できない部分はやっぱりありますので。「（こちらが）どの程度やったら、（向こうの）態度がどの程度変わるのか」ということを確認しなくてはいけませんので、「両方とも、そこを明確にはしなかった」ということですよね。

例えば、「どういう核実験場を廃止《はいし》したり、どういうものを廃棄《はいき》したりしたら、態度がどういうふうに変わり、制裁の程度がどう変わってくるのか」とかね、こういうところを確認しながらでないと……。

それには、お互《たが》い、何と言うかな、引き換《か》え条件みたいなところは、やっぱり、あることはあるんじゃないですかね。いきなり、「全部を海に沈《しず》めました。はい、丸裸《まるはだか》です」というわけにはいかないでしょう。

ここ数カ月で北朝鮮《きたちょうせん》の考え方は劇的に変わった

綾織　金正恩委員長の守護霊さんには、何回もここにお出《い》でいただいて、お話を……。

金与正守護霊　お世話になっています。

綾織　いえ、こちらこそ、本当に……。

金与正守護霊　ここ（幸福の科学）についても、「西側のスポークスマン」として理解していますので。

綾織　なるほど。

金与正守護霊　「世界でいちばん速く、確実な情報が入るところだ」と理解しています。

綾織　ありがとうございます。

金正恩委員長の守護霊は、「核を放棄するつもりはない」ということを、これまで言われておりました。

「金与正さん」と呼ばせていただきますけれども……。

金与正守護霊　うん。

綾織　「今、ちょっと考え方が違《ちが》っているのかな」という気もします。

金与正守護霊　ここ数カ月で劇的に変わってきているので……。

綾織　変わってきたのですか。

金与正守護霊　うん。少なくとも、大陸間弾道弾《だんどうだん》っていうか、ミサイルの発射も、もう半年以上、止まっているでしょう？

綾織　はい。

金与正守護霊　だから、この間に考えが変わってきています。

トランプ大統領は「ほめておいて、締《し》め上げる」という手を使う

金与正守護霊　中国のほうの〝あれ〟もだいぶあるんですけどね。中国のほうの後ろ盾《だて》もあって、やってはいるんですけれども、冷静に考えまして、今の経済制裁はかなり厳しく響《ひび》いてきています。アメリカは中国のほうまで締《し》め上げてきたので。

「トランプさんは、すごいなあ」と思うところは、ここなんですよ。

綾織　ああ。

金与正守護霊　金正恩、兄も、ほめ上げられながらやっていましたけど、（トランプさんは）さすが「交渉の達人」と言われるだけあって、「ほめておいて、締め上げる」っていう手を使うんですよ。

中国の国家主席を「私の友人だ」とか言って持ち上げながら、貿易赤字を大幅《おおはば》に削減《さくげん》しようとするんですよね。ああいうやり方が〝トランプ流〟なんですよ。「親しい友人なんだ。これからも仲良くしなくてはいけないんだ」と言いながら、バーッと関税をかけて、（中国の）利益、貿易の黒字部分をカットしようとしている。

その黒字部分のカット幅は何十兆円という大きさです。何十兆円もやられるぐらいだったら、北朝鮮《きたちょうせん》への食糧《しょくりょう》や重油等の（輸出）実績を縮めるほうが、どう考えても、やっぱり安上がりですもんね。それで、ちょっと締めざるをえない。中国が（北朝鮮への輸出を）完全に止《と》めたら、北朝鮮が国として終わってしまうのを（トランプさんは）知っています。だから、あちら（中国）のほうをちゃんと揺《ゆ》さぶりながら、こちらのほう、北朝鮮に対しては、「微笑《ほほえ》み外交」的に来ているんです。

中国のほうに対しては、今、関税のところでかなり揺さぶっています。二千億ドルでしたかね？

綾織　そうですね。はい。

金与正守護霊　だったら、二十兆円？

綾織　はい。二十兆円ですね。

金与正守護霊　二十兆円も貿易黒字を削減されたら、中国の「一帯一路《いったいいちろ》戦略」とかいう、ああいうものはパーになりますよ。あっという間に〝トントン〟になって、赤字になる可能性があるので、覇権《はけん》国家になろうとする中国の夢が、今、一斉《いっせい》に削《けず》られようとしているんですよ。

その見返りが、ほんとは「北朝鮮の部分を落城させる」っていう考えなんですよね。

そっちからやってきているので、向こうのほう、アメリカのほうが戦略は大きいんです。

綾織　なるほど。ある意味で、北朝鮮の視点だけではない視点も持たれていて……。

金与正守護霊　それが私の役割なので。

綾織　なるほど。そうですか。

金与正守護霊　ええ。先ほどのご紹介《しょうかい》にもありましたけど、「国際情勢の分析《ぶんせき》担当」も私の役割なので。

制裁解除のシナリオをこう読んでいる

綾織　では、トランプさんの代わりに、アメリカ側の視点で、お話をお伺いしたいのですけれども。

金与正守護霊　ああ。はい、はい、はい。

綾織　トランプさんは、記者会見で、「非核化が終わらなければ制裁を解除しない」と言われていました。それについては……。

金与正守護霊　大丈夫《だいじょうぶ》です。まず日本と韓国《かんこく》が解除していきますから、少しは楽になるはずです。

綾織　韓国は、もう実質的に解除を始めているところもありますよね。

金与正守護霊　ええ。もう骨抜《ほねぬ》きになるでしょうし、中国も少し緩《ゆる》めてくる〝あれ〟なので。

アメリカにはプライドがあるので、「解除しない」ということでいいと思うんです。「実際上の非核化が何も進まなかったら、解除しない」っていうのは、アメリカとしては、守らなくてはいけない一線だと思いますよ。それを解除してしまえば、まったく何も交渉材料がなくなりますから。

綾織　このへんについては、会談のなかで話が出たのでしょうか。「このくらいまで非核化を進めなければ解除しないのだ」というようなお話はあったのでしょうか。

金与正守護霊　やっぱり、「目に見えるかたちで、『これだけのことをやった』とメディアに報道されるかたちでは、やってください」とは言われています。「それを見ながら解除するけれども、アメリカの経済制裁の解除は最後にはなるでしょう」と。

綾織　なるほど。

金与正守護霊　「その代わり、中国や韓国、日本の部分は順番に緩んでいくでしょう」と。

そして、「日本からは、安倍《あべ》首相が『拉致被害者《らちひがいしゃ》を返せ』と言っているので、それに対して何らかのかたちを出すことができれば、たぶん、経済援助《えんじょ》になるでしょう」というようなことは言っていますね。

綾織　なるほど。

「体制保証」の本当の意味と中身

綾織　もう一つ気になるところは、「体制保証」の部分です。この中身も、トランプ大統領の記者会見を通しても、やはり、明らかになっていないところがあります。これについては、どのように、トランプ大統領から伝えられているのでしょうか。

金与正守護霊　いや、これは、アメリカが一方的に譲歩《じょうほ》して、北朝鮮が得したように見えるかもしれないけど、そんなことはないのであって。「非核化を進めなければ、向こうも体制保証はしない」んですから。

綾織　ああ、なるほど。

金与正守護霊　まあ、当たり前です。こちらも分かっていますので。非核化は口約束で、「やらなければ体制保証はないのと一緒」ですから。年内にも、またもう一回、（米韓で）共同軍事訓練を始めて、強い経済制裁をもっとやるに決まっていますので。

綾織　ああ、なるほど。

金与正守護霊　これは、「体制保証」という言葉では……、まあ、いちおう、お互いに建前なので。ですから、分かっています。それは、（非核化を）やらなかったら保証はないんですよ。交換《こうかん》条件なので。

だから、いちおう、「非核化に向けてやっている間は、金正恩が権力者として、それを実行せよ」と。要するに、「体制保証をするということは、同時に、あなたを非核化の実行責任者として任命するから、やってのけてくれ。それだったら、戦わずして済みますよ」と。

綾織　なるほど。

金与正守護霊　ただ、（非核化を）やる本人がいなかったら、誰がやるのかが決まらなければ、もう攻撃《こうげき》して潰《つぶ》す以外に方法はありませんので。アメリカとしても、百カ所から百五十カ所ぐらい核施設《しせつ》があることぐらいはつかんではいるけれども、実際上、全部潰すのは、そうとうに無理はありますので。

なかにいる人は全部知っていますから、「そちらにやらせれば、いちばん安全だ」ということ、「目に見えるかたちで何らかの廃棄処分をする」ということだと思います。

綾織　なるほど。

非核化《ひかく》のプランは、ポンペオ氏やボルトン氏と詰《つ》めていく

綾織　では、その「目に見えるかたち」の部分ですけれども、今の時点で、金正恩委員長と、何か、「こういうプランでやろう」というような話は出ているのでしょうか。

金与正守護霊　部下の二人、ポンペオさん（米国務長官）と「死神《しにがみ》」さん？

里村　ボルトン（米大統領補佐官《ほさかん》）ですか。

金与正守護霊　うん、うん、ボルトン。ねえ？

綾織　死神なんですね（笑）。

里村　死神（笑）。

金与正守護霊　「死神さんがやってくる」とのことなので、それで詰《つ》めをしなきゃいけないので。だから、「これとこれとこれをやると、どのようになるのか」っていう詰めをするかたちになると思う。

これは、大統領がやるべきことではないかもしれません。そこまでは、できないでしょうから。

アメリカがつかんでいるだけでも、おそらく、「核《かく》施設は百五十カ所ぐらいは持っている」と見ていると思うのですが、実際は、地下道による連結した核施設は、そうとうあるので。新たにつくろうと思えば、実は、もっともっと出口はつくれるようにはなっているので。

これは現実に、ベトナム戦争で、地下道を何百キロもつくって抵抗《ていこう》したのと同じ戦略で、北朝鮮の地下は山の下まで、いっぱいトンネルだらけなので。外からの攻撃だけでは、全部は潰せないようにはなっています。

例えば、山の下にあるような核装備を、地下のトンネルを使って、どこかから出してこられるようにしていれば、そこから簡単に発射できますので。
だから、全部を一気に潰すことは不可能で、これはトランプさんも、ある程度理解しているところではあるので。一発でも撃《う》たれたら、それは、ソウルが「火の海」になるのは分かっておりますから、そういうことのないようにしようとしているわけですね。

里村　今、率直に、いろいろな地下道の話も含めて、トップ・シークレットまで明かしていただきました。

金与正守護霊　そういう立場なので。私は、核のボタンを押《お》すことを決定できるメンバー七人のなかの一人ですから。

4　衝撃《しょうげき》の「無血開城」構想

北は「戦争としては負けた」

里村　重ねて、もう一度、確認したいのですが、北朝鮮《きたちょうせん》の非核《ひかく》化については、やはり、「そういうご意志を持っておられる」と受け止めてよいのでしょうか。

金与正守護霊　というか、戦争としては負けたんですよ。

里村　ほう……。

金与正守護霊　例えば、旧ソ連とアメリカは、冷戦をずっとやって、拡大競争をやってきて、核戦争のシミュレーションでずっと戦ってきて、ゴルバチョフが負けを認めて、それで国家解体まで行きましたけどねえ。だから、これを、あまり惨《みじ》めなスタイルにならないようにやろうと、今、している段階で。

模擬《もぎ》戦争としての核戦争は、（北朝鮮はアメリカに）もう負けたんです。「これは負ける」っていうことは分かったので。

だから、「それだけ多くの人を死なせてまでやる必要があるのか」っていうことを考えたときに、トランプさんが提示した案は、「そのように死の街になるよりは、やっぱり、シンガポールみたいに繁栄《はんえい》した国になったほうがいいでしょう？　アメリカは、財政赤字とか貿易赤字とかを抱《かか》えてはいて、今、その経済立て直しのために大変は大変なんだけども、アメリカの経済力から見れば、北朝鮮の国家を繁栄させるのに割《さ》くぐらいのエネルギーは、ほんの小さなものなので、これは簡単にできることです」というようなことですかね。
「中国との赤字をゼロにするのは、すごく大変なことだけど、北朝鮮に新しい産業を起こして、経済的繁栄を与《あた》え、それから、米国資本等が北朝鮮に進出することで工場や会社を持つというようなことは、北朝鮮の体制を維持《いじ》する意味でも役に立つだろうし、米国の会社の景気を浮揚《ふよう》させるためにも役に立つ。両方にとって〝ウィン・ウィン〟じゃないか」というような話をされましたね。

里村　ああ、そうですか。はあ……。
今、「負けたということなんです」とおっしゃいました。

金与正守護霊　負けました。

里村　ということは、これは、もう、「世界的に言っても、最重要のビッグニュースだ」と思うのですけれども……。

金与正守護霊　ああ、負けたんです。負けたんですけど、トランプさんは、負けた者を惨めに扱《あつか》うようなことはしません。そこは彼の騎士道《きしどう》的な精神で、昨日《きのう》は、そう見せないように、やってくれたわけですね。本当は負けたんです。

里村　なるほど。

しかし、経済面で周辺国とつながれば負けではない

里村　私どもは、先ほど綾織も話したように、何度か、お兄様の金正恩《キムジョンウン》委員長の

守護霊様ともお話をさせていただきましたが、なかなか、「負け」というご認識は持たれませんでした。今、そのあたりについては、どうなのでしょうか。

金与正守護霊　いや、まあ……。

里村　委員長の意識との……。

金与正守護霊　「負けたのは負けた」のですが、もし、アメリカ・中国・北朝鮮・韓国《かんこく》あたりで、もうちょっと、経済的に自由な動きができるような関係をつくることができたら、「負け」でも「負け」にならないようにはできますわね。

要するに、今、国民の暮らしがね……。だから、（冒頭《ぼうとう》で大川総裁は）「四割は栄養失調」とか言っていましたけども、はっきりした数は分かりませんが、そうとう飢《う》えていることは事実です。

　ですから、それをまず、ちょっとどうにかしないと、いずれ、それは革命が起きるのは確実ですので。中国から本当に（援助《えんじょ》を）止《と》められたら、革命になるでしょうね。暗殺される危険は感じていますので。

　もし、韓国や中国、あるいは、アメリカあたりと貿易が自由にできるようになってくるなら、緩《ゆる》やかに移行期間を経《へ》ながら平和国家にして、韓国と行き来ができるような感じになれば、だんだんに、それはそれで落ち着かせることは可能かなと思っています。

里村　うーん。

兄の金正恩《キムジョンウン》氏には「ここで手打ちをしたほうがいい」と勧《すす》めている

里村　今、お伺《うかが》いしましたのは、極《きわ》めて、非常にきちんとしたお話でした。例えば、「今、北朝鮮の国民はどういう状況《じょうきょう》か」とか、そういう状態も把握《はあく》した上でのご判断のようにお聞きしたのですけれども、実際のところ、そうなのでしょうか。

金与正守護霊　うん。実際は「敗戦」です。それは、そのとおりなんですが。だけど、「敗戦」は「敗戦」なんですけども、兄のほうは、やっぱり、プライドがありますので、それ（敗戦）は認められませんから。
だから、私のほうは、「これは、もう、戦って敗れるのを確認するまでやる必要はないんじゃないか」ということは言っているわけで。

里村　それは、この地上において、妹様の与正様から委員長のほうに伝えていると。

金与正守護霊　そう言っています。

「トランプは怖《こわ》いことは怖いけども、ただ、彼は『やる』と言ったらやる人なので、彼が言った場合はチャンスだから、これに一気に乗ったほうがいい。ほかの人ではちょっと難しいんじゃないか」と。

民主主義の難しさは、プロセスが大変で、なかなか多数が取れないから。もう、民主主義は独裁的な指導者が出てこないかぎり、そう簡単には終わらないので（笑）。トランプさんだったら、「よし」って言ったら、そうなる可能性は高いので。

「実は、いちばん手強《てごわ》い相手ではあるけど、ここで手打ちをしたほうがいい。ほかの人が出てきたときのほうが、ややこしくて難しくなる」というような考えです。

北朝鮮《きたちょうせん》の体制転換《てんかん》のモデルをどの国に見いだしているか

及川　今、冷戦の話をされましたけれども、ちょうど、アメリカでも、今の北朝《きたちょう》鮮《せん》とアメリカの関係は米ソ冷戦にたとえられて、ずいぶん言われるようになっています。もし、当時のソ連が今の北朝鮮だとしたら、確かに、戦争は起きなかったのですが、最終的に、ソ連の体制は崩壊《ほうかい》しました。

金与正守護霊　はい、はい。

及川　では、金与正さんは、具体的に、どのようなイメージで、この体制を維持すると言われているのでしょうか。

金与正守護霊　まず、中国が経済的繁栄のほうを少しつくって、政治的体制を変えずにいますように……。ソ連がロシアになった過程で、政治的にも、経済的改革が政治的改革と一緒《いっしょ》になって崩壊してしまいましたから、やっぱり、中国はあれを恐《おそ》れて、政治のほうだけ、建前はまだ共産党一党独裁でやっています。

うちのところも、「労働党一党独裁」みたいなものですけども、やや政経を分《ぶん》離《り》しつつ、経済をよくしながら、実質上、多少、民主化を進めていかなければいけないのかなあ。

「その移行をうまくやらなかったら、大変な国家の崩壊にまで行くな」とは思っています。

及川　その民主化には「自由」も入っているのですか。

金与正守護霊　うん、いちおう入っていますよ。ただ、自由を与えるには、ある程度、「経済力」が必要。各人が自分で自活できるレベルまで行かなきゃいけないので。

今は自活できていない人たちというか、配給で生活しているような人がそうとういるので。配給生活をしている人たちに自由を与えても、暴動しか起きませんので、そう簡単に、そういうわけにはいかなくて。

ある程度、仕事をして、自活できるような人には自由を与えていっていいと思うんですが、配給だけされている人たちに自由を与えても、ちょっと同じようにはならないかなあと思っています。

綾織　それは、中国の体制に近づくということでしょうか。経済の部分は、ある程度の自由化があり、政治の部分は朝鮮労働党が握《にぎ》り続ける？

金与正守護霊　とりあえずは、そういう中国モデルも一つはありますけれども。あるいは、日本が北朝鮮に対して、戦後の「マーシャル・プラン」みたいな思い切った復興支援をするとか。

日本は今、十分な海外投資先がなかなかないようですから、ものすごくビッグな海外投資プランを立てて……、例えば、「二十年レベルで国を立て直すプラン」みたいなもの、「大きな円借款《えんしゃっかん》」みたいなもので、北朝鮮を支援してくれるっていうようなことになりましたら、そうとう……。

●マーシャル・プラン　第二次大戦で大きな被害を受けた西欧諸国の経済復興を目的とした支援計画のこと（欧州復興計画）。アメリカが推進し、1948年から1951年まで実施された。

及川　幾《いく》らぐらいですか。

金与正守護霊　うーん……。そうねえ、二十年で五十兆円ぐらい。「全部、タダで下さい」とは言わないので。できれば利子がないほうがいいと思うんですけど、「二十年で五十兆円ぐらい貸し込《こ》んでくれて、あとで成長したら返していく」っていうスタイル。途中《とちゅう》から返していってもいいんですけど。

そのくらいのプランなら、国全体を立て直せるかなと思っています。

里村　実際、韓国でも日本でも、北朝鮮の労働者の方というのは、要するに、旧日本時代のカルチャーがあるので、「基本的に、ごまかさずに真面目《まじめ》に働く。非常に勤勉である」ということを言われています。

また、もう一つ、北朝鮮について言われているのは、やはり、鉱物資源ですね。

金与正守護霊　はい。それは豊かです。

里村　「それに関しては非常に有望なものがある」というように、やはり、日本でも注目されることがあります。

金与正守護霊　はい、はい、はい。鉱物資源はかなりありますから、それは、企《き》業《ぎょう》がそうとう入ってこられる余地はあると思います。

里村　それで、労働者の質に関しても、例えば、スーツは北朝鮮の重要な輸出物になっていて、韓国とか中国のものに比べると、断然質がよく、それは「かつての日本人に学んだ」ということのようです。

金与正守護霊　うん、うん、うん。

里村　そういったところも、ある意味で、日本とうまい経済的関係をつくれるところなのではないかと思います。

金与正守護霊　うん。いや、韓国は人件費が高いですから、もう、日本の工場が韓国に移転しても、それほどメリットはないと思うんです。

だけど、北朝鮮に工場とかを出してくだされば、原始的な、日本の昭和二十年代、三十年代を立て直したようなレベルの仕事だったら、今の経済力から見れば、（日本の）百分の一とまではいかないかもしれないけれども、おそらくは、十分の一よりは安い賃金で労働力が手に入る可能性は高いので、貢献《こうけん》できるんじゃないかなあと思う。

中国も（人件費は）高くなってきて、かつては十分の一だったのが、今は四分の一から、もっと縮まってきていると思うんですよ。

北朝鮮はもうちょっと安いので。もっと安くても私たちは構わないので。もう月給が二、三万……、三万もあれば、北朝鮮は本当に御《おん》の字ですので。それで十分、一家が食べていけますのでね。

そういう意味では、もし、関係がもっと改善されて、自由に行き来できるぐらいの関係がつくれたら、日本の下請《したう》けの部分をそうとう頂けるとありがたいなと思っています。

5　北朝鮮《きたちょうせん》で〝明治維新《いしん》〟を起こそうとしている

拉致被害《らちひがい》の追及《ついきゅう》しすぎが逆にメリットがない理由

綾織　そのためには、やはり、日本の国民が納得《なっとく》するような前提が必要だと思うのですが、まずは、「拉致被害者《らちひがいしゃ》をどうするのか」ということですね。

金与正守護霊　ただ、それはねえ、うーん……。まあ、今、日本政府を批判するのは、ちょっとよくないことだとは思うんですけども、もう四十年ぐらいの歳月《さいげつ》がたっておりますので、本当のことを言って、それでいいのかどうかが分からない面があるんですよ。

期待している方は、期待しているまま、この世を去られたほうが幸福かもしれない面も一部ございますので。四十年たちますと、はっきり言いまして、九割は死んでいますわね。生きていない人が多い。一割ぐらいが生きている可能性はありますが、でも、たいていの場合は、北朝鮮《きたちょうせん》の人と結婚《けっこん》して、子供を持って、家庭があります。

それで、何らかの職業に就《つ》いておりますので。隔離《かくり》されて牢屋《ろうや》入りしている人は別として、それ以外の人の場合は、何らかの北朝鮮の情報に関係する仕事に就いていることが多いので、返すに返せない状態になっていることが多いっていうことですよね。

綾織　ただ、やはり、区切りをつけて、新しい関係を結ぶためには、正直に、すべてを明らかにしてもらうしかないのかなとは思います。

金与正守護霊　うーん……。まあ、このへんは、本当のことはけっこう厳しいんです。強くそれを言うことによって、メリットはそんなにないかもしれません。

綾織　うーん……。

里村　メリット？

金与正守護霊　メリットがないっていうのは……。メリットがないというか、最近、捕《つか》まった人なら返せますけど、もうそうじゃないので。

だから、私からは非常に言いにくいんだけれども、北朝鮮っていう国は、「悪い情報が漏《も》れるぐらいなら、その証拠《しょうこ》を消してしまう」っていうことを、過去、いくらでもやってきておりますので。

父（金正日《キムジョンイル》）が日本人を軍事的訓練で拉致したのを認めたということと、そのあと、そういう人たちが幸福になったかどうかということとは、ちょっと別なことですので。口封《くちふう》じされていることもあるかもしれませんので。

里村　うーん……。

金与正守護霊　そういうことが明らかになって、両国関係がうまくいくかどうかは、若干《じゃっかん》、微妙《びみょう》ですね。

綾織　それは、おそらく、「北朝鮮の国民で、非常に弾圧《だんあつ》を受けているような方、あるいは、強制収容所に入れられているような方を含《ふく》めて、すべて解放して自由を与《あた》える」ということのなかで、何とか信頼《しんらい》関係ができてくるのかなとは思います。

金与正守護霊　うーん……。

軍縮への軍部の抵抗《ていこう》を見越《みこ》して金《キム》体制を護《まも》るトランプ大統領の意図

金与正守護霊　ただ、「軍部を抑《おさ》えつつ、そうした核《かく》兵器の削減《さくげん》をやり、あと、ノドン、テポドン等を削減する」というなら、そうとう強力なリーダーシップを持っている人が生き残っていないと、できないことはできないので。

里村　なるほど。

金与正守護霊　軍部が、もし、武器を持って軍部独裁制を敷《し》いたら、もっと難しくなると思いますので。

里村　ああ……。かつての幕末の日本でも、尊皇攘夷《そんのうじょうい》派があって、なかなか、理性的な判断で進めることができませんでした。攘夷派にも志《こころざし》はあったのですが、難しかったのです。

つまり、今、北朝鮮の軍部にも、やはり、北朝鮮の変化に対して、みながそのまま諸手《もろて》を挙げて、与正さんの考えに賛成しているわけではないし、そこを抑えつつやらなくてはいけない難しさがあるということですね。

金与正守護霊　兄が委員長をやるために、もうすでに千人以上は粛清《しゅくせい》されていますので。やっぱり、それだけの代価を伴《ともな》うものですので。

まだ、それでも、「軍人である」というよりは、「政治家」と見るべきだと思いますので。まだ政治家ですけど。もし、これ、「軍部が政治をやる」ということになりましたら、こんなものでは済まない状態が起きると思われます。

綾織　アメリカによる「体制保証」には、そういう意味合いも……。

金与正守護霊　そう、そう。逆にね、護《まも》ってもらう面も入っているんですよ。これには、「事が全部終わるまでは、あなたがたをお護りする」ということも入っているんですよ。

だから、今はどこもそうですけども、軍縮をやり始めたら、軍部っていうのは、たいていは政府に抵抗《ていこう》するのが普通《ふつう》ですから。「予算カット」とか、「武器の廃《はい》棄《き》」なんかには抵抗しますので。反乱を起こしますから。

その意味では、別の意味で、それ（軍縮）を実行するためにも、体制の保証がないと厳しいと思われます。

綾織　なるほど。

里村　確かに、ソ連の崩壊《ほうかい》のときも、一九九一年八月に、ゴルバチョフ大統領が軍人なども含めた守旧派に監禁《かんきん》されて、反革命が起きようとしたときもありました。

金与正守護霊　あなたがたから見れば、たぶん、〝お笑い〟に見えると思うんですけれども、トランプ大統領が「ホワイトハウスに招待してもいい」とか言っているっていうことは、「万一《まんいつ》、武装勢力が反旗を翻《ひるがえ》してクーデターをやるというようなときだったら、アメリカは受け入れますよ」ということでもあるんですよ。「逃《に》げ道がありますよ」ということを言ってるわけです。

里村　なるほど。

「北朝鮮《きたちょうせん》に継戦《けいせん》能力はない」

里村　昨日《きのう》、トランプ大統領が単独で行《おこな》った記者会見のなかで、くどいほど、金正恩《キムジョンウン》委員長のことを「優秀《ゆうしゅう》な若者である」と言っていました。

これについて、私としては、「実行責任を負わせておいて、『できなかったら、分かっているな？』という一つの脅《おど》しでもあったのではないか」と思ったのです。

しかし、これには、「体制保証」というか、「アメリカがバックアップするから、とにかく、やれるだけやってみろ」といったような、まあ、「エール」という言葉はおかしいかもしれませんけれども、そうした意味もあったのでしょうか。

金与正守護霊　あなたがたは、わが国をすごく過大評価しすぎているのかもしれませんが、旧ソ連と北朝鮮《きたちょうせん》では、やっぱり戦力にそうとう差があります。

旧ソ連は、本当にアメリカに勝つ可能性があったところですので。もうちょっと経済的な力が、支えがあれば、勝てた可能性があるけれども、息切れしたというところですね。

わが国は、日本の一県の予算があるかどうか分からないぐらいの、いや、もっと小さいのではないかと思います。要するに、ほとんど軍事に集中して、あとは、食うや食わずの、日本で言えば、昔の、江戸《えど》時代の農民のような状況《じょうきょう》ですので。

だから、旧ソ連ほどの力はないんです。それはもう分かってるんです。実際、そんなに長い継戦《けいせん》能力はありません。

もし、中国がまた参戦して戦うっていうならば続きますけども、それがない。今のところ、トランプさんがうまく〝寝技《ねわざ》〟をかけて中国を動けないように締《し》め上げているので、中国が今、北朝鮮のためにアメリカと戦ってくれるとは、ちょっと考えられない状況でしょう。

里村　はい。

金与正守護霊　アメリカとの貿易額が最大になっていますので、利益を考えれば、それは非常にしにくい。

中国的には、北朝鮮というのは〝眉《まゆ》〟みたいな存在でして、汗《あせ》が目に流れ込《こ》むのを防ぐ程度の役割しか、現実にはない。「眉を剃《そ》ったからって死ぬわけじゃない」っていうぐらいの存在ですよね。

事の本質は米中の「次の冷戦」

及川　中国との関係についてお伺《うかが》いします。金与正さんと金委員長は、中国のことを、本当は、好きなんですか、嫌《きら》いなんですか。

金与正守護霊　うーん……、へへッ、難しいね（笑）。難しいことを言いましたね。うーん……。

いやあ、大国ですからねえ。中国もそうですけど、まあ、中国・ロシア・アメリカ、それから日本も大国は大国ですよ。この四国との関係っていうのはすっごい難しい問題だと思ってますよ。私たちの手に余るかもしれない問題だと思います。

ただ、どこか一カ国には後ろ盾《だて》になってもらわないと、体制がもたないっていうことは明らかですね。

里村　朝鮮半島は、ずっと、そういう歴史でしたからね。

金与正守護霊　うん、うん、うん。

及川　先ほど、チラッと、「中国の後ろ盾」とおっしゃいましたが、それは本音ですか。

金与正守護霊　うーん……。だからねえ、いや、もう「次の冷戦」のシミュレーションが始まっているんですよ。

中国のほうは、北朝鮮の牙《きば》を抜《ぬ》かれるのはしかたがないと見ているわけですけれども、独自の軍事的発展と経済的発展により、経済力がアメリカを抜いたときに、中国の覇権《はけん》っていうのがはたして成立するかどうかというところ、焦点《しょうてん》はもうそこに行っています。だから、習近平《しゅうきんぺい》氏が、終身制を敷いてやれば、できると思ってるところですかねえ。まあ、これとの戦いがあるわけなんですけども。

まあ、私の感じでいくと、中国っていうのは、頼《たよ》りになるところもあるが、場合によっては、北朝鮮も、内モンゴルやウイグル、チベットみたいにされることだってありえるわけですから。どこまで頼って信用できるかどうかっていうのは微妙で、「使えるところは使えるけど、全部、信用したら、国を取られてしまう可能性もある」っていう、そのへんの怖《こわ》さはやっぱりありますね。

及川　先ほど言っていた、「アメリカの民間資本だとか、日本の資本だとかを入れて、経済繁栄《はんえい》を」となると、中国との関係がすごく微妙になりますよね？

金与正守護霊　やっぱり、いちおう、それは天秤《てんびん》にかけざるをえないんじゃないですか。中国とアメリカと日本と、いろいろな企業《きぎょう》が入ってこようとしているところの、どれを取るかっていうのは。それは、いわゆる市場原理が働いて、選ばれるようになっていくことが好ましいんじゃないですか。ヨーロッパもありますけどね。

金正恩《キムジョンウン》氏がシンガポールの繁栄《はんえい》に大きな関心を持っていた理由

里村　今、及川からもあったのですが、「米朝の関係が非常に近しいものになってくること」は、今までの常識で言えば、中国にとって非常に不快なことであるはずです。

金与正守護霊　はい。

里村　そのため、中国は、これから、米朝があまり近づきすぎないように横槍《よこやり》を入れてくるだろうということは十分に想定できるのですが、与正さんとしては、このへんも想定内なのですか。

金与正守護霊　今回、シンガポールへ行きまして、兄も、すごく関心を持ってました。シンガポールの繁栄《はんえい》を見て、「何とか、これをわが国に持ってこれないか」と。

里村　うーん。

金与正守護霊　小さな国ですよね。小さな国が、経済的にすごく繁栄してますので。もし、資金が入ってくれば、シンガポール的繁栄をつくること自体は……。まあ、いちおう国交がございますので、シンガポールなんかの協力も得れば、そういう繁栄する都市に変えることは可能かなとは思っています。

だから、やっぱり、私たちの不慣れな外交の部分を、何とかして熟練するものに変えていかねばならないかなと思ってます。

及川　つまり、国家のシステムとして、新しいモデルを探しているということですか。

金与正守護霊　そうです。そうです。

及川　シンガポールも、一つのモデルなんですね？

金与正守護霊　そうですね。「小さくても繁栄ができる」という。

及川　社会主義的でもありますしね。

金与正守護霊　そう、そう。小さくても繁栄できるし、独裁的でも繁栄はできるパターンですからねえ。マレーシアもそうかもしれないけれども。

里村　はい。

金与正守護霊　でも、大国をまねするのは少し難しいが、まあ、ある程度、飢《う》えてない国民になれば、いろんなもの、権利が増えてくるのは当然だと思う。

北朝鮮だけ見れば、知識量も上下の差はそうとうありますし、経済力も上から下まで差があるし。兄の奥《おく》さん（李雪主《リソルジュ》氏）なんかも、ファッションリーダーとして国民から憧《あこが》れられる存在ですけれども、同時に、そうしたブランドものを持っていることに対して、一般《いっぱん》国民からの嫉妬《しっと》もまた集まっている状態ですので。

里村　うん。

金与正守護霊　これを上手にコントロールしなければ、フランス革命みたいになっちゃうことも、十分にありえると思ってます。

日本の明治維新《いしん》に学んでの開国の仕方について

綾織　そうした支援《しえん》をする一つの条件としては、先ほども少し話に出た強制収容所を、まあ、いろいろな収容所がありますが、やはり、ここから国民を解放しないかぎりは、いわゆる西側の国からの支援は難しいと思います。これについては、どうお考えですか。

金与正守護霊　これは、日本の「明治維新《いしん》」に学ぶしかないかもしれないけれども、「開国の仕方」ですよね。「どうやって開国するか」が、難しいところでしょうね。

綾織　はい。

金与正守護霊　まあ、限定的に、条件のすり合わせができたところとは、自由に行き来とか、経済的な取引とかができるようなかたちで、少しずつ開《あ》けていくしかないかなあとは思っていますけどね。

「全部と、国際的なグローバルスタンダードでやる」っていうのは、今は、体力的にはちょっと無理かなと思います。

里村　再三お伺いして恐縮《きょうしゅく》ですが、体力的な部分と、やはり、もう一つは国内の北朝鮮保守派の反発もあって、ですよね。

金与正守護霊　もちろん、そうです。

里村　与正さんの守護霊様としては、「将来的に、強制収容所をなくしていきたい」と思っていらっしゃいますか。

金与正守護霊　うーん、やっぱり、一党独裁の難しさ、まあ、これはたぶん中国も同じ問題を抱《かか》えていると思いますけど、一党独裁にはやっぱり無理はあるんですよ。人の意見は多様ですから、いろんなグループができるのは当たり前なんで。グループができると、喧嘩《けんか》ばっかりしますので、効率はすごく悪く見えるんですよ。

一党独裁型のものは、社会主義的に計画経済が成功しているときはうまくいくんですけど、それがうまくいかなくなったときは、知恵《ちえ》が足りなくなって、もっと違《ちが》った知恵を持ち寄らないとうまくいかなくなってくる。

私らも、ヨーロッパ経験がありますからね。ヨーロッパの国は多少、見てきていますので、まったく無知なわけではありませんので。今回も、シンガポールに行って、「やっぱり、いいな」とは思いましたよ。

6　会談の本質は、北朝鮮《きたちょうせん》の「改革実行主体の保全」

金正恩《キムジョンウン》氏とは経済繁栄《はんえい》モデルの段階施行《しこう》について話し合っている

金与正守護霊　だから、とりあえずは、例えば、シンガポールならシンガポール型の政治・経済コンサルタントみたいなのを入れて、その意見を取り入れながら国を改革していくとかね。こういうことでやれば、支配されるレベルまではまだ行かないですから。

綾織　それは、部分的に明治維新《いしん》方式ということになりますね。

金与正守護霊　そう、そう、そう、そう。まあ、オランダに当たるのかどうかは知りませんがね。

ただ、そうは言いましても、最初に言ってた、ＣＶＩＤですか？

里村　ええ。

金与正守護霊　即時《そくじ》に全部やっちゃう、完全で検証可能の不可逆的な非核化《ひかくか》？

里村　はい。

金与正守護霊　まあ、難しすぎる言葉ですけど（笑）。それは、残念ながら、体制の一挙崩壊《ほうかい》に必ずなります。「そうなったら、誰《だれ》があとをやるのか」っていう問題になるので。囚人《しゅうじん》に全部、やらせるっていうわけにもいかないと思いますよ。

里村　今、非常に、頭のよさが窺《うかが》えるお答えをされたと思うのですが……。

金与正守護霊　ありがとうございます。もし、奥様《おくさま》の席が空《あ》きましたら、よろしくお願いします。

里村　はい、ええっと、あのー……、いや、いや、いや、いや、いや。「ぜひ、お願いします」と言いそうになってしまいました（苦笑）（会場笑）。

金与正守護霊　アハハ（笑）。まだ若いですから。

里村　いや、失言です。

ええっと、例えば、北朝鮮《きたちょうせん》国民の食糧《しょくりょう》事情の改善や民主化、あるいは、強制収容所の廃止《はいし》などを、段階的に時間をかけながら行《おこな》って、シンガポールのように、小さくても繁栄《はんえい》できる国家を目指すお考えであるということでよろしいですね？

金与正守護霊　うん、うん。国全体まで行かないかもしれないけども、まず、平《ピョン》壌《ヤン》なら平壌、あるいは、ほかのどこかをモデルとして、新しいスタイルでやってみて、どれほど全体がよくなるかをちゃんと国民に見せる。「こういうふうにすれば、こうなるんだね」っていうことを見せて、だんだんに、それを広げていくっていうスタイルのほうが、体制的には安定するとは思っています。

里村　そうしたお考えを、今現在、実際に金正恩《キムジョンウン》委員長ともお話はされているのでしょうか、将来ビジョンまで含《ふく》めて。

金与正守護霊　ああ、していますよ。それはしています。

里村　ほお。それで、委員長のご意見は、いかがでしょう。

金与正守護霊　うーん……。まあ、政権最終責任者ですからねえ。なかなか難しいとは思うので。やっぱり、ある程度、建前を使わないと尊敬を得られませんから、難しいですけど。

まあ、平壌市内にナマズの養殖所《ようしょくじょ》をつくったぐらいでは、残念ながら、シンガポールの繁栄は来ないっていうことぐらいは、さすがに分かっていると思います。それじゃあ駄目《だめ》なのは分かってると思う。もうちょっとやらないと。

ソウルを道連れにすれば周辺三千万人に被害《ひがい》が出る

及川　今回の米朝会談、その前の南北首脳会談の情報の多くは、国民に公開されていますよね。非核化についてや、昨日《きのう》の共同声明の内容を、早くも国民にも見せていますが、これは今まではありえないことだと思います。やはり、それはすべて金与正さんの……。

金与正守護霊　いや、いや！　もちろん、いちおう兄の判断があってのことですけども。

私たちは、スイスで何年か生活したことがある者として、欧米《おうべい》型の繁栄を知ってはいるんですよ。ただ、この国自体は全体は重くて、知識的に、それがまねできるとは思っていない人がかなり多いのでね。だから、去年までは、核開発で国防ということを中心にはやっていたんだけども。

まあ、実質上、もし、このまま進めたらどうなるかっていうことですけど、勝てはしないのは分かっている。旧日本軍と同じように万歳突撃《ばんざいとつげき》して玉砕《ぎょくさい》っていうことで。「一矢報《いっしむく》いるぞ」ということがすべてになって、「ソウルを道連れにする」っていうあたりですかねえ、せいぜい。

「アメリカが総攻撃《こうげき》するのは結構だけど、少なくともソウルは道連れにしますよ」と。

今回の話では、まあ、トランプさんは、ソウルの被害《ひがい》は十万人ぐらいと思っていたみたいなんだけど、「実際はそんなものではないですよ。総攻撃をかけたら、ソウルとその周辺も合わせれば、二千八百万から三千万ぐらいは被害が出ますよ」というところを申し上げて、「ああ、そんなに行くのか。十万人ぐらいかなと思ってたけど、もし、三千万近い人に被害が出るということだったら、それは大変なことだな」と。

だから、アメリカから攻撃を受けたときには、もう、われわれはアメリカに勝つことは考えないで、アメリカの同盟国が道連れになることで、アメリカに恥《はじ》をかかせて、覇権《はけん》国家としての名誉《めいよ》を失墜《しっつい》させるという作戦だけで。国はどうせ潰《つぶ》れるだろうから、それなら、「ソウルを沈《しず》める」ということだったらできます。

ソウルだったら、一時間以内に、ほぼ壊滅《かいめつ》的な状態まで持っていくことは可能で、たぶん、アメリカでは、それを止《と》めることはできないと推定します。その代わり、われわれも全滅します。

ただ、それが「人類の未来として幸福かどうか」という判断をすれば、やっぱり、「幸福ではない」という判断は出ますよね。

里村　はああ！

及川　ということは、「開国を目指されている」ということなのでしょうね。

金与正守護霊　ええ。上手に開国していきたいので、そのへんは、日本の知恵《ちえ》なんかも頂ければ、ありがたいなあというふうに思っています。

これは時間稼《かせ》ぎではなく、先軍政治の終わり

及川　先ほどもチラッと出ましたけれども、開国を目指すということは、抵抗勢《ていこうせい》力が、軍部と党の幹部からも出てくるでしょうし、すでに動揺《どうよう》しているというような話も出ているのですけれども。

金与正守護霊　ああ、それは出るでしょう。

及川　そうすると、金正恩委員長の立場だとか、金与正さん自身も、攻撃の対象になるのではないかと思います。

金与正守護霊　だから、トランプさんにそれを言ってね。「即時に全部やれ」と、ハードネゴをしてきましたけど、「いや、それをやると、私たちだってもたないので、改革を実行する主体がいなくなりますけど、それでもよろしいんですか」と言うと、トランプさんは、いちおう分かったので。「それなら分かった」と。

里村　はああ……。

金与正守護霊　だから、「段階的」という言葉は入れないけども、意味は分かったと。そういうことは、彼は分かってくれて……。

里村　そこまでの話は、昨日とか……。

金与正守護霊　はい、それは分かってくれました。

里村　ああ、そうですか。

金与正守護霊　実際上、段階的にやらなければ、軍部の暴発を止められないということは、理解してくれました。

だから、軍事的に少し後退したことで、何かもっといいもの……、経済的利益や生活がよくなってくるところや、知識的に豊かになるところとか、そういうもので、「こちらのほうがいい」ということを国民に見せないと、やっぱり、なかなか納得《なっとく》しないし、軍部も納得しないと。

里村　なるほど。

金与正守護霊　「先軍政治の終わり」ですよ、これねえ。ある意味でのね。

里村　われわれからすると、段階的な方向に話が進んでいるところを見て、「北朝鮮のいつもの時間稼《かせ》ぎをされている」というような危惧《きぐ》を持っていたのですけれども。

金与正守護霊　いや、そんなことはないですよ。そんなことない。

里村　そうではないと？

金与正守護霊　いちおう、私たちは若いので。たまたま父親が亡《な》くなって……。あの年齢《ねんれい》なら、ちょっともう無理だと思うんですが、もう完全に保守化して、今までどおり続けるというのをやってたでしょうけど、私たちは、たまたま、三十と三十四ぐらいですので、まだ頭がそんなに固くはありません。

新しい体制に切り替《か》えるにはどうしたらいいかということについては、ヨーロッパ等を見てきています。ヨーロッパのほうで、旧ソ連邦《れんぽう》によって占領《せんりょう》されていた東ヨーロッパのほうが解放されていった歴史を勉強してきたので。

だから、どういうふうになるかということ自体は、多少、シミュレーションはできるんです。

綾織　与正さんのそういうお考えというのは、ずっと前からお持ちだったのでしょうか。金正恩委員長が、ミサイル実験や核実験などをしているときも、横で、「将来的にはそういう動きをしたい」というように思われていたのでしょうか。

金与正守護霊　うーん、まあ、ちょっとだけね。

でも、核兵器の開発は……、まあ、私も、北朝鮮の大学ですけど、いちおう物理学を専攻していますので、核のことは分かるんですよ。私自身も分かるので。技術者とも話ができるレベルまでは行ってるので、分かるんですけど。

いちおう、原爆《げんばく》、水爆の開発を進めましたけど、要するに、核を持っているか持っていないかで、交渉《こうしょう》のカードとしてはそうとう違《ちが》いがあるんでね。そこまでは行かないと、対等な交渉ができないということは思っていたので。去年、すごく急いでいたのは、いちおう、「核保有国として認めさせることで交渉する」というためで。

だから、兄のほうは、開発してミサイルを撃《う》ちながら、途中《とちゅう》で切り替えることまでは、去年からすでに想定してはいましたね。

綾織　はあ……。それは、金委員長も、そういう想定をしていたわけですね?

金与正守護霊　うん。だから、要するに、「核が完成し、核攻撃ができる態勢になった」ということになれば、交渉はできると。

里村　なるほど。

金与正守護霊　「アメリカとの直接交渉が目標」とは、もう、去年の段階で思ってた。

トランプ大統領が若い金正恩《キムジョンウン》氏に対して持った印象とは

里村　お祖父《じい》様である金日成《キムイルソン》のときから、なぜ核を開発していたのかというと、「アメリカと対等に交渉するためだ」という明確な意図があったというわけですが、三代にわたって、そのとおりに来たわけですね。

金与正守護霊　はい。

里村　その上で、今年の新年から、いきなり話が変わってきました。

金与正守護霊　はい、はい。

里村　金正恩《キムジョンウン》委員長が劇的に変わった象徴《しょうちょう》として、平昌《ピョンチャン》に与正さんが行かれたことがあります。

金与正守護霊　そうです。

里村　それは、そういうグランドデザインの下《もと》に行動を始められたと理解してよろしいですか。

金与正守護霊　はい、そうです。

やっぱり、トランプさん自身は、自分が経営者として、若いうちに大変だったのを知ってるから、兄が若いのを見て、小さいとは言え、一国の指導者はそうとう大変なことだろうなあと。もう七年ぐらいはやってますから、これをやってるだけでも大変なことだということを、お認めくださったということがございます。それから、私もある程度やっていますので、「女性が使える国家」というところは、プラスの評価で。まあ、優秀《ゆうしゅう》な若い女性は、トランプさんは大好きでございますので。

（米朝首脳会談での）昼食会は簡単なものではございましたけど。ワーキングランチですか。

里村　はい。

金与正守護霊　まあ、簡単なものではございましたけども、私たちの姿を見て、

「アメリカ的なものが可能だ」っていうような印象を持ったのではないかなあと思っています。

里村　はあ……。

金与正守護霊　そういう意味で、兄をぜひ、アメリカに一回連れてきたいと思っているんだと思うんですけどね。

7　金与正氏守護霊の宗教観の実像

「宗教の自由」をどう考えているか

及川　先ほどもお話がありましたが、お二人とも子供のときにヨーロッパを経験されたそうですね。

金与正守護霊　ええ、ええ、ええ。

及川　ヨーロッパでは、おそらく、宗教に触《ふ》れられていると思うのですけれども。

金与正守護霊　ああ、はい、そうです。

及川　今後の国家のモデルとして、「宗教の自由」というのは、どうお考えですか。

金与正守護霊　うーん……。まあ、底流には儒教《じゅきょう》があって、仏教も入って、韓国《かんこく》とかではキリスト教も盛《さか》んで、その流れで北朝鮮《きたちょうせん》にも少しキリスト教的なものも入ってはきているので、そういう少数の、入ってきた人たちが弾圧《だんあつ》されたり、粛《しゅく》清《せい》されたりしているというようなことに対する人権問題は出てきているんだと思いますが。

まあ、貿易の自由だけでも、こんなに大変なところなので、「信教の自由」を全面開放するのは、たぶん、そんなに簡単なことではないと思います。このへんは、やっぱり、同じようによく考えながらやっていかないと難しい。

及川　時間をかけて段階的に……。

金与正守護霊　宗教と帝国《ていこく》主義というのは一緒《いっしょ》に来ることが多いので。その国の帝国主義的な侵略《しんりゃく》目的と宗教が一体化して来ることが多いので、ここはちょっと、よく考えていきたいと思ってます。

及川　今、こちらに来ていただいているのは、与正さんの守護霊様でいらっしゃいますが、地上に実際にいる金与正さんは、神様を信じているのでしょうか。

金与正守護霊　うーん……。まあ、神様をどう定義するのかは知りませんが、要するに、造物主的な、欧米《おうべい》の一神教的な神ということであれば、北朝鮮には、はっきりしたものはございません。
ただ、日本的な意味での神様だったら、私たちは信じることができます。

及川　ほう。

金与正守護霊　いろんな神様がいらっしゃるじゃないですか、日本でね。「過去の偉《えら》い方々」という意味でしょうけど、そういう意味での神様っていうんだったら、われわれは受け入れられるかなとは思ってます。

日本との霊的《れいてき》な縁《えん》について

綾織　もしかすると、日本にも縁《えん》があるということでしょうか。

金与正守護霊　うーん……、まあ、それはそうでしょうねえ。まあ、ある……。

綾織　おお……。

金与正守護霊　ない、ということはないですよねえ。

綾織　なるほど。それは、「守護霊さんご自身が、日本に生まれられた過去世《かこぜ》を持っている」ということですか。

金与正守護霊　まあ……、今の段階でそういうことを言うと、「日本文化に完全に取り込《こ》まれた」と言われるだけですので、ちょっと、言うことはできませんけれども。過去、韓半島が、もうちょっと日本と交流のあった時代もございましたので、「そういうときには、私も関係があったことはある」ということは言えます。

綾織　なるほど。では、両方で生まれられているということですか。

金与正守護霊　うん、そうですねえ。まあ、母は、半分日本人みたいなものだったんで、日本文化はだいぶ入ってるんですよ。というか、大阪《おおさか》文化みたいなのも入ってきているので。

里村　そうですね。（金与正氏の母は）大阪にいらっしゃって。

金与正守護霊　考え方自体は、だいぶ理解できるんです。日本人の考え方は分かります。

8　トランプ大統領の対中包囲構想に乗る条件

「南北統一」を提案する文在寅《ムンジェイン》大統領をどう見ているか

里村　今、霊界《れいかい》事情の話にも少し触《ふ》れましたけれども、この世の事情に関する話に戻《もど》しますと、今日、お話ししていないなかで、もう一つ重要なこととして、韓《かん》国《こく》があります。

地上の文在寅《ムンジェイン》大統領ご自身も、その守護霊も、「南北統一」を言っていますけれども、この統一問題についてはいかがお考えですか。

金与正守護霊　うーん、まあ、悲願と言えば悲願なんでしょうけど、文在寅氏が

●その守護霊も、「南北統一」を……　『文在寅 韓国新大統領守護霊インタビュー』（幸福の科学出版刊）参照。

「韓国の経済力で北朝鮮《きたちょうせん》を買収しよう、買い取ろう」というふうに考えているんだったら、それは、少し考えながらやらないといけないなあというふうには思っています。経済の、お金にものを言わせて優位に立って、北朝鮮を奴隷《どれい》階級に組み入れようとする感じで来るんだったら、それは、いちおう用心しなきゃいけないと思ってます。

里村　なるほど。

金与正守護霊　やっぱり、あくまでそうはいかないので。それだったら、ほかの外国とも関係を保ちながら、韓国ともつかず離《はな》れずで仲良くしつつ、距離《きょり》も取ってもいけるぐらいの関係は持っておかないといけないかなと思っています。

里村　なるほど。

トランプ大統領の構想をこう読んでいる

里村　そうすると、これは、日本にとっても、戦略的に非常に大事な問題なのでお伺《うかが》いしたいのですけれども、われわれとしては、南北統一、あるいは融和《ゆうわ》が進むと、中国の影響《えいきょう》も朝鮮半島で強くなると考えています。

そして、在韓米軍が縮小ないしは撤退《てったい》となると、実際のところ、三十八度線にあった日本にとっての国防あるいは安全保障の最前線が、対馬海峡《つしまかいきょう》にまで来るということも想定して、われわれ日本としては備えをしなければいけないとも考えているのですが、今日の与正様の守護霊様のお話を聴《き》いて、全然違《ちが》う未来が拓《ひら》けてくると信じてよいのでしょうか。

金与正守護霊　うん。だから、それを昨日《きのう》（米朝首脳会談で）話していたんですよ。

完全に、ちょっと昔の〝中国のお先棒《さきぼう》を担《かつ》ぐ〟かたちでの朝鮮半島に全部がなったら、日本に対しての脅威《きょうい》になるのは確実ですよね。

だけど、トランプさんが〝風穴《かざあな》〟を直接開《あ》けて、北朝鮮ともバイパスを開けて、韓国と同じようにやって、同質化していって、要するに、「アメリカと日本との関係と同じようなところにまで同盟関係を広げていこう」と。トランプさんの考えはそういうことですよ。

中国のほうの独裁部分が残っていますので、韓国と同じように北朝鮮まで同盟関係でアメリカ側に入れていって、ここの部分を少しずつ〝スライス〟しながら後退させていこうと考えているので。もう、中国問題まで、トランプさんの頭には入っていると思います。

そういう意味では、中国が北朝鮮を、中国を護《まも》るための防波堤《ぼうはてい》と考えていたもののから、今度、アメリカの同盟側のほうに〝寝返《ねがえ》らせよう〟としているんですよ。

里村　ほう。

金与正守護霊　だから、（トランプさんは）記者団の質問に対しては、カナダのトルドー首相みたいにバカ扱《あつか》いしていて、「悪人だと言われている金正恩《キムジョンウン》を、頭がいいなどと言って持ち上げたりするのはおかしいのではないか」と質問されたりしてて。確かにおかしいわけですけれども、戦略的には、〝将来的に意味がある〟という考えですよね。

綾織　それは、与正さんにとっても「ＯＫ」なのですか。

金与正守護霊　うーん……。

綾織　アメリカとのある程度の同盟関係のようなものは許容できるのですか。

金与正守護霊　いや、アメリカがね、西部のガンマン風に、ただただ乗り込《こ》んできて、拳銃《けんじゅう》をぶっ放《ぱな》すっていうスタイルだったら、ちょっと付き合いかねますけども、もうちょっと日本みたいな、何て言うか、一回緩《ゆる》めた感じ？　日本をくってくるような感じの、もうちょっと平和な国の繁栄《はんえい》を目指すような感じで入ってくれるんなら、いける感じにはなりますねえ。

綾織　なるほど。

及川　ここまでお話をお聴きしていると、日本的なものに対して、非常に親和性をお持ちで……。

金与正守護霊　いや、持っていますよ。

及川「もともと、その過去世《かこぜ》も」ということに……。

金与正守護霊　うーん、それは、日本の温泉とかにもっと来れるようになったらいいなと思っていますよ。

及川　なるほど。

金与正守護霊　本当に。

金与正氏が人生の使命と思っていること

及川　そうすると、今世《こんぜ》の金与正さんの使命といいますか、最終的に、北朝鮮で何を成し遂《と》げるために地上に生まれていらっしゃるのでしょうか。

金与正守護霊　北朝鮮という国で言えば、私も兄も、外国や敵対する国から見れば、悪魔《あくま》みたいに言われるのだろうとは思いますが、国内で見れば、日本の昔の神々のような存在ではあるので（笑）。そういう意味で、国民の責任を背負ってはいる者です。

及川　うーん。

「北朝鮮《きたちょうせん》の〝封建制《ほうけんせい》〟はいずれ崩《くず》れる」

綾織　今までのいろいろな北朝鮮《きたちょうせん》関係の霊言《れいげん》によると、初代最高指導者の金日成《キムイルソン》氏、そして、二代目の金正日《キムジョンイル》氏は地獄《じごく》の悪魔になって北朝鮮を指導しているということが明らかになっています。

金与正守護霊　まあ、そうらしいですね。というふうに聞きましたけどね。

綾織　はい。ただ、実際、与正さんの守護霊様とお話をするかぎりでは、彼らとつながっている雰囲気《ふんいき》があまり感じられなかったのですが、そういうことなのでしょうか。

●北朝鮮関係の霊言によると……　『北朝鮮 崩壊へのカウントダウン　初代国家主席・金日成の霊言』（幸福の科学出版刊）、『北朝鮮――終わりの始まり――』（幸福実現党刊）等参照。

金与正守護霊　うーん、まあ、全部、国際政治の賜物《たまもの》ですのでねえ。

だから、初代も創始者みたいな「建国の父」になってはいるんでね。これについては、表向きは裏切れない。金《キム》一族としては裏切れないものではあると思いますけれども、〝幕府〟は倒《たお》れるときは倒れますからね。それはしかたがないことだと思っています。

だから、やっぱり、ロシアがね……。ロシアというか、旧ソ連が強かったときに、（北朝鮮は）旧ソ連の傀儡《かいらい》政権として建てられたのは明らかですのでね。そのへんのことは、私らも分かってはいますので。

まあ、〝幕府〟が替《か》わるときにはしかたがないことなんじゃないかなと。今は「建国の父」として、それ以上の権威はないことにはなっていますけども、これが開国するときに倒れる可能性はあると思っています。

綾織　金正恩委員長に対する一代目、二代目の霊的な影響というのは、今はなくなってきているのでしょうか。

金与正守護霊　うーん、まあ、父には、かわいがってはもらったんですけどね。かわいがってもらったので、それは忍《しの》びないことではあると思うんですけど……。それは、そちら様が、「(金正日は)地獄へ堕《お》ちている」とおっしゃるので、そうかもしれないとは思いますけども。

私たち若い世代については、もうちょっと柔軟《じゅうなん》なものもあるし、韓国だってねえ、韓国の若い女優さんとか、K《ケイ》-POP《ポップ》とか、いろんなものに憧《あこが》れるものはあるし。

一般《いっぱん》人民のほうは、洋楽とかは禁止されていますけども、私ら上層部は別に何にもお咎《とが》めはないので。実は、好きなものを聴いて、観《み》ている状態ではあるので、いずれ……。

まあ、封建《ほうけん》制ですよね、これね。昔の日本で言えばね。

里村　はい。

金与正守護霊　（封建制）みたいなものなので、いずれ、これは崩《くず》れるけど、どういうふうなかたちでそれを崩して移行するかというところは、とっても難しいところでしょうねえ。

金正恩《キムジョンウン》氏に万一《まんいつ》のことがあった場合、トップに立つのか

里村　生前、お父様である金正日氏は、「政治的リーダーとしては娘《むすめ》のほうが素

質がある」とまでおっしゃっていたというような話もあります。

例えば、金正恩《キムジョンウン》委員長が病気になったり、国外勢力ないしは国内勢力からの暗殺等、万一《まんいつ》のことがあった場合、次にトップに立つのは与正さんでしょうか。

金与正守護霊　ああ、それは分からないです。

兄の痛風《つうふう》というのは（笑）、死ぬような病気なんでしょうかねえ、あれ。

里村　だんだん悪くなると、併発症《へいはつしょう》で腎臓《じんぞう》の病気等になることもあります。

金与正守護霊　急にコロッと逝《い》くんだったらあれですが。

里村　コロッとは逝きませんけれども。

金与正守護霊　あなた様もまだ生きていらっしゃるのを見れば、まだ三十年ぐらいはいける可能性は……。

里村　私は克服《こくふく》しました（笑）。

金与正守護霊　ああ。まあ、そういうこともあるし。

もし、軍部のクーデターで殺される場合でしたら、私も一緒《いっしょ》に殺される可能性もないとは言えないので。

だから、彼が死ねば私がなれるとは限らない。一緒に死ぬかもしれませんので、それはちょっと保証の限りではありません。

まあ、トランプさんが「強硬《きょうこう》な策」で来なかったことに、日本のマスコミ等は不満だろうとは思うけど、それをやったら、私たちが改革者としてはもう動けなくなるのでね。そういうことは、ある程度は理解していただかないと、しかたがないんです。

9　金与正氏守護霊が日本に期待している内容

「北朝鮮《きたちょうせん》の体制保証」が意味する驚《おどろ》くべき内容

及川　「アメリカが北朝鮮《きたちょうせん》の体制を保証し、ある意味では金正恩《キムジョンウン》委員長を国内勢力から護《まも》る」というお話なのですが、実際には、どのようなかたちで護るのでしょうか。

金与正守護霊　いや、だから、「もし軍部が蜂起《ほうき》して、金一族をみんな火あぶりにするとか銃殺《じゅうさつ》するとかいう状態になってきたら、海兵隊が入ってきて救出に来る」ということですよ。

及川　なるほど。ハリウッド映画の「ランボー」のようですね。

金与正守護霊　そういうことですよ。「予想される正反対のことが起きる」ということです。

昨日《きのう》、（米朝首脳会談で）言ったのはそういうことで、「SFみたいでしょうけど」というのは、そこまで入ってるんですよ。

里村　確かに、ファンタジーですね。

金与正守護霊　そこまで入ってるので、海兵隊が私たちを救出にやってくるみたいなことも、ないとは言えないということです。

里村　はああ……。

金与正守護霊　いや、それほど難しいんですよ、やっぱり。

里村　そこまでの内容をお伺《うかが》いすると、昨日、当事者のお二人であるトランプ大統領と金正恩委員長が、「歴史的な会談だった」とおっしゃったのは、非常に納得《なっとく》がいきます。

金与正守護霊　そうなんです、要するに。ほんとにそうだと思いますよ。まあ、おたく様の釈《しゃく》党首は許してくださらないと思いますけど。

里村　いや、いや、いや……。

金与正守護霊　私たちを絞首刑《こうしゅけい》にしなければ、やっぱり、許してくださらないと思いますが。

綾織　いえいえ。今日、お話をお伺いした感じでは、大丈夫《だいじょうぶ》かと思います。

里村　われわれは、最初から北朝鮮を攻撃《こうげき》するつもりではありませんでした。

金与正守護霊　もう街宣《がいせん》なさったんじゃないですか。「北朝鮮、滅《ほろ》ぼすべし！」って。

及川　いやいや（苦笑）。

金与正守護霊　え？

里村　われわれは、「北朝鮮そのものを滅ぼす」などとは一言《ひとこと》も言っていません。一度も言っていません。

金与正守護霊　あ、そうですか。

里村　「北朝鮮の人たちに幸せになってもらいたい」と、ずっと言っています。

大川隆法の「無血開城」勧告《かんこく》を金正恩《キムジョンウン》氏は聞き入れた

金与正守護霊　いや、私が今日ここに来ている理由もね、大川先生が、「北朝鮮に対する防衛をしなさい」ということをずいぶん長く言っておられるようなことは聞いていますし、兄の守護霊が霊言集《れいげんしゅう》として出てることも知っていますし。
でも、単に、「攻めて滅《せ》ぼせ」と言っているわけじゃなくて、「無血開城せよ」●と言っておられますよね。

綾織　はい。

金与正守護霊　「北朝鮮は無血開城しなさい」と言ってらっしゃる。
それ、兄はかなり聞き入れたんですよ。

●「無血開城せよ」と言って……　『危機の中の北朝鮮　金正恩の守護霊霊言』（幸福の科学出版刊）等参照。

綾織　ああ、そうなんですか。

金与正守護霊　かなり聞いたんですよ。

だから、「日本の偉大《いだい》な宗教家が、それを保証しようとしている」という感じに受けたのは受けて。

それで、「トランプさんのところともつながっている」ということは理解していたので、それは影響《えいきょう》を受けてるんですよ、ちゃんと。

綾織　それで言うと、先ほど、「一代目、二代目の北朝鮮最高指導者が死後に悪《あく》魔《ま》になっている」というお話もありましたけれども、ある意味で、金正恩委員長にも宗教的な回心《かいしん》のようなものがなければ、こういう展開にはならないのではないかと思いました。

金与正守護霊　若いからね、柔軟《じゅうなん》なので。

綾織　ああ、そのように変わったということですか。

金与正守護霊　柔軟だし、キリスト教思想もヨーロッパで少し入ってますから、頭のなかに。

だから、主体《しゅたい》思想だけがすべてじゃないことぐらいは、われわれは知ってますので（笑）。

綾織　なるほど。

金与正守護霊　それから、シンガポール等を見ても、まあ、シンガポールも宗教的とは言えないかもしれないけど、経済だけでも、やっぱり、ああいうふうに近づけたいし。

日本だって、宗教的でもあるし、宗教的でないところもあるし、どっちでもいいようなところがあるじゃないですか。宗教国家と言えるかどうかは分からない。（宗教は）たくさんありますけど、ただ、宗教がなければ必ずしもいられないような国でもないのでね。

綾織　なるほど。

トランプ大統領は無血開城の方向に転換《てんかん》した

綾織　大川総裁から、冒頭《ぼうとう》のご解説で、会談のときにトランプ大統領の指導霊をしていたのは、ノーマン・ビンセント・ピール氏だったというお話もありました。

金与正守護霊　ああ、そうですか。それはなかなか……。

綾織　これは、金正恩氏に宗教的な回心があって、「そういう方向でやっていきたい」ということが、北朝鮮側にもあるということなのでしょうか。

金与正守護霊　いや、あれは、まあ、年齢《ねんれい》も違《ちが》いましたから。トランプさんとは、ほんと、親子ほどの年齢の差がございましたので。

だから、最初、（トランプさんは）「見て判断する」と言って、「一分で判断する」とか、「五秒で判断する」とか、ずいぶん言ってらっしゃったけど、見て、「本気で殴《なぐ》り合っちゃいけない相手だな」ということ、やっぱり、ヘビー級とそうでない者との差を知ったんだとは思うので。「こいつを使って、何とか、国をもうちょっと変えさせよう」と考えたんだろうとは思うんです。

それを「宗教的」と言うのかどうかは分かりませんが、彼が、やっぱり、「神の代理人」としての、何かミッションみたいなものを持っていることは感じました。

綾織　はい。

及川　今の話からすると、大川隆法総裁が、北朝鮮に対して「無血開城」と言ってきた言葉が、もし、金正恩氏に響《ひび》いているとしたら……。

金与正守護霊　ああ、知ってます。私は聞いています。

金与正守護霊　ありえます。

及川　今後の北朝鮮ですが、特に国民も含《ふく》めて、幸福の科学の大川隆法総裁の思想や教えなどが入っていくことはありえますか。

里村　なるほど。

金与正守護霊　ありえます。日本の思想は比較《ひかく》的入りやすいと思います。

ただ、過去の、その占領《せんりょう》時代の悪い記憶《きおく》を一生懸命《いっしょうけんめい》繰《く》り返して、反日教育もやっていますから。反米教育も七十年やっていますけれども、反日教育もやっていますので、やっぱり、この部分の歴史的転換《てんかん》を同じようにやらなければ駄目《だめ》だと思います。まあ、安倍《あべ》さんにそこまで担《にな》えるだけの器《うつわ》がおありかどうかは、ちょっとまだ分かりかねてはいるんですけど。

まあ、米国は、北朝鮮が本気で変わろうとしているのを……。要するに、トランプさんも「無血開城」の方向へ来たんですよ。だから、撃《う》って、戦って、勝ってもいいけど、それよりは、一人も死なないで自分側のグループに入れることができたら「勝ち」ですから。そう思っているし、こちらも、それを信用できるかどうかということを、昨日、見ていたんです。

綾織　なるほど。

金与正守護霊　それは、一対一の会談とかで、「信用している」というところから始まって、あとは、一緒《いっしょ》に食事したり歩いたりして、西洋の人とやるようにやってきて。（トランプさんは）カナダで〝喧嘩《けんか》〟してまで、こちらのシンガポールを優先して来られたんでしょうから。

日本に大きな器《うつわ》の指導者が出てくれば……

金与正守護霊　日本の総理は、安倍さんでそれがいけるかどうかはちょっと分かりかねます。そこまで彼が切り替《か》えのできる人かどうかは分かりませんけれども、まあ、それだけの交渉《こうしょう》の達人なり、容量のある方が出てきてくださるんだったら、可能性はあると思います。

だから、過去の、その（朝鮮の日本統治時代の）三十六年間の支配も一括《いっかつ》にしながら、将来的なもので全部を発展的に解消していくというか、そういうかたちで持っていくだけの器《うつわ》のある人が日本の指導者に出てくれれば、それは、昨日のシンガポールと同じように歴史的な会談になって、日本への敵対政策もガラッと変わることは可能です。今は、その可能性は出てきていますね、かなりね。

里村　なるほど。大きな構想力を持った人が出てくれれば、ということですね？

金与正守護霊　もし、そういう政治家が日本にいなかったら、ちょっと厳しいですけどね。

里村　ええ。

金与正守護霊　だから、政治家が駄目だったら、宗教家のほうから、そういう意見を発信してほしいと思って、今、来ているんです。

里村・綾織　なるほど。

金与正氏はソ連崩壊《ほうかい》時のゴルバチョフのようなリーダーなのか

里村　今日のお話をお伺いして思ったのですが、ソ連が崩壊《ほうかい》に向かうときに、ゴルバチョフ大統領のような方がリーダーとして出てきたように、まさか、北朝鮮からも、こういうお考えを持ち、お話をされる方が出てくるとは、本当に想像外でした。

先ほど、過去世《かこぜ》のお話も出ましたけれども、実際、いろいろな物事の時間軸《じく》や空間軸もかなり見えていらっしゃるのではないかと思うんですよ。

金与正守護霊　ええ、ええ。

里村　やはり、過去世で、そういう政治家経験等もされていたのですか。

金与正守護霊　ああ、私のことですか?

里村　はい、もちろんです。

金与正守護霊　(笑)

里村　読者も、あるいは、この霊言を観《み》た方も、本当に、「金与正さんという方の守護霊がそこまでおっしゃるということは、いったい、どういうお方なのか」と思われるかもしれないので、お伺いしたいのですけれども。

金与正守護霊　（私が）労働党の第一副部長に上がった年が、私の父親が副部長になった年と同じです。まあ、そのくらいでしょうかね。ですから、もう超《ちょう》・超速度で、猛《もう》速度で、今、上がってきてはいます。

里村　はい。

金与正守護霊　まあ、兄の奥《おく》さんもいらっしゃることはいらっしゃるけど、でも、実質上、私が実務的なところをそうとうな部分まで仕切ってはいるので、今後の北朝鮮の変化には、「設計図を引く」のには、私の力がそうとう入っていくだろうと思います。

里村　なるほど。

金与正守護霊　過去世云々《うんぬん》のことについては、まあ、今の段階では、そんなに踏《ふ》み込《こ》まないほうがお互《たが》いにいいんじゃないかとは思っています。例えば、「日本人で生まれて、こうだった」みたいなことを言うと、北朝鮮国内での信用度は落ちるので、あまり言いたくはありませんけれども。

里村　確かに、そうした面はあるかもしれません。

金与正守護霊　私自身は、もうちょっといろんな目で世界を見ることができる立場にあります。今世《こんぜ》限りで見ても、少なくとも、大阪《おおさか》を通しての日本は知っているし、中立国のスイスを通して、ヨーロッパやアメリカを見てきている目は持っているので、今の北朝鮮が望ましいとは思っていません。

まあ、日本の明治維新《いしん》で言えば、やっぱり、「開国派」に近い考え方だと思います。

里村　なるほど。

金与正守護霊　「攘夷《じょうい》派」じゃなく「開国派」なんで。その開国を成し遂《と》げるのにどれだけの努力が要《い》るかを、今、考えて、計算しているところです。ちょっと味方がね、数がまだ少ないんですよ。

里村　ああ、そうですね。

金与正守護霊　それが分かってもらえる人は、そんなにはいないので。そのへんをちょっと増やさないと、厳しい。

綾織　もしかして、逆に、朝鮮半島内で生まれた経験のなかで、明かせる部分がおありになるのかと思ったんですが。

金与正守護霊　朝鮮半島内ですか？

綾織　はい。

金与正守護霊　朝鮮半島内では、まあ、言っても、そんなに大したことはないかなあとは思いますけど……（笑）。

綾織　もし、何か立場上、有利になるようなものがあれば……。

金与正守護霊　いやいや、そんなことは……（笑）。まあ、兄はあれでしょう？ ●高句麗《こうくり》の広開土王《こうかいどおう》を名乗ったりしているんでしょう？ まあ、気分はそんな感じだと思うんですよ。たぶん、気持ちはね。

綾織　はい。

金与正守護霊　気持ち的にそうで、今回、そういうふうにしたいと思っていると

●高句麗の広開土王を名乗ったり……　『守護霊インタビュー 金正恩の本心直撃！』（幸福実現党刊）参照。

は思いますが、北朝鮮のほうが消滅《しょうめつ》したら、そうはならないでしょうね。これは、分からないところではありましょうけれども。
私は、うーん……、まあ、「北朝鮮のヒラリー・クリントン」みたいな存在なのかなあ。そんなふうな感じなんじゃないんですか。

綾織　なるほど。

里村　俗《ぞく》っぽい言い方ではありますけれども、お兄さんに対しては、やはり、信《しん》頼《らい》、親愛の思いをお持ちでいらっしゃいますか。

金与正守護霊　「どうせ、生きるも死ぬも一緒だろうな」と思ってはいますので。今世では、兄はもう、暗殺をずっと恐《おそ》れております。肉親以外……、肉親だって危ないので。権力欲を持っていれば、肉親だって警戒《けいかい》して殺すこともあるぐらいの、封建《ほうけん》時代と変わらないものは持っています。

まあ、できるだけ信頼されつつ、改革を進めていけるようになりたいなあとは思っておりますが、失敗すれば、たぶん、〝金一族皆殺《みなごろ》し〟になるはずなので、そのときは、「みなさん、さようなら」です。はい。

里村　そういう意味では、与正さんが前面に出るようになってから、本当に命を投げ出して取り組まれているということを感じてはいます。

金正恩《キムジョンウン》氏が違《ちが》う方向に行ったらどうする？

里村　それから、本当にお訊《き》きするのが苦しいことではあるのですけれども、万が一、金正恩《キムジョンウン》委員長が、今の与正さんのお考えと違《ちが》う方向に行ったり、駄目になったりした場合に、金委員長を排除《はいじょ》してまでも、何とか北朝鮮の未来を拓《ひら》く決意はおありですか。

金与正守護霊　うーん、分からないですね。兄には、見たとおりＳＰが、ねえ？

里村　はい。

金与正守護霊　韓国《かんこく》とやり合ったとき（二〇一八年四月二十七日に板門店《はんもんてん》で行われた南北首脳会談）に、ＳＰが車に十二人もついて走っているのを見たら、あなたがたもきっと、「信じられない光景だ」と思って、ゲラゲラ笑っていたに違いありませんが。

さすがに、シンガポールの道路は走れなかったようではありますけど（笑）。

兄には（ＳＰが）ついていますが、私には、そんなについていませんよね。だから、暗殺するなら、私のほうが簡単に暗殺できます。私のほうが先に暗殺される可能性だって、ないとは言えません。

里村　うーん。

金与正守護霊　それから、ＳＰだって今の「先軍政治」で洗脳されていますから、もし、「金正恩が国家を裏切って米帝国《ていこく》になびいた」というなら、十二人ついてるような親衛隊でも、一人二人、兄に向かってピストルを向けて撃つことがないとは限りません。どこかに後ろ盾《だて》ができれば、そういうことがないとは言えないので。

いや、これから危険になるので、非常に慎重《しんちょう》に慎重に進めていかないと、そう簡単には……。

アメリカ、日本から見れば、どんどん核施設《かくしせつ》を破壊されて、ノドン、テポドン、みんな燃やされて廃棄《はいき》されていけばうれしいでしょうけど、それは、私たちがいつ殺されるかがすごく迫《せま》ってくるっていうことも意味しているので。国がよくなっていくのを上手に見せながら、ビジョンを見せながらやらないかぎりは、私たち金一族も一掃《いっそう》される可能性はあります。

金正恩《キムジョンウン》氏による大量粛清《しゅくせい》の実情はどうなっているのか

及川　国際社会において、金正恩《キムジョンウン》委員長の評判が非常に悪いのは、そのダークな面として、例えば、叔父《おじ》の張成沢《チャンソンテク》氏や、異母兄である金正男《キムジョンナム》氏を粛清《しゅくせい》したと言われていることも影響していると思います。ちょっとお訊きしにくいのですが、この点について何かご説明いただけますか。

金与正守護霊　うーん、兄の正男さんのほうについては、「中国があの人を傀儡《かいらい》政権に立てようとしている」という陰謀《いんぼう》が、私たちには伝わってきていたので。だから、傀儡政権を立てて、実力のある人を一掃して支配しようとするのに使おうとしているんじゃないかということは、一つにはあったので。

まあ、直接、手を下したというわけではありませんけども、やはり、そうした特殊警察《とくしゅ》というか公安みたいな者たちが、そういうものの芽を摘《つ》もうとしたことはあったのかなあと思います。

それから、叔父については、微妙《びみょう》なところですけども、長い目で見れば、向こうが実権を持った場合は、私たちのほうが〝消されてる〟はずなので。

里村　確かにそうですね。

金与正守護霊　これについては、いろんな歴史があるとおりなので、まあ、しかたがないですけどね。

うーん、国家の主導権を握《にぎ》るって、大変です。習近平《しゅうきんぺい》さんだって、たくさんの方を粛清なさっているはずですけど。

綾織　今後も、そういうことがいろいろと起こってくると思います。

今日、お話をお伺いして、北朝鮮の国民にとっても、アジアにとっても、非常に素晴《すば》らしい未来だなと感じましたので、頑張《がんば》っていただきたいですし、応援《おうえん》したいところです。

金与正守護霊　アメリカよりも日本が頼《たよ》りになるような国家になってくれると、

うれしいことはうれしいですけど。もっと近いので。何かのときに、日本が受け入れてくれるとか、バックアップしてくれるとかいう感じになれば、すごくうれしいんですけど。今のところ、「拉致《らち》家族を返せ」としかおっしゃらないので。

綾織　なるほど、そうですね。

金与正守護霊　ほとんどが不幸な結果になっているので。

綾織　拉致問題のほかには、日本に向けた中距離《ちゅうきょり》ミサイルや短距離ミサイルがありますけれども、もう、そういう脅《おど》しはしない、撃たないという約束等があれば、それはそれで、また新しい関係ができると思います。

金与正守護霊　まあ、安倍さんはちょっと、うーん、憲法九条改正から、国の軍事拡張等が空振《からぶ》りになるかもしれないので、今、浮《う》き上がっていると思います、たぶんね。国際社会から浮いてる感じで。「日朝の単独会談で何とか……」と思うかもしれないけども、国内政局でそうとう弱っていらっしゃるので。

そろそろ、ちょっと、次の器の方が必要な時期が来つつあるのかなとは思ってはいるんですけどね。

この霊言《れいげん》は本当に信頼《しんらい》できるのか

里村　私からは最後の質問なんですけれども、今日、ある意味で、世界中が考え方を大きく変えるきっかけになるようなお話を、このインタビューで頂きました。

これが、単に金政権の時間稼《かせ》ぎに利用されたということではなく、今日の金与正さんの守護霊様のお話、お考えを信頼《しんらい》していいと、このように考えてよろしいんでしょうか。

金与正守護霊　私どもはね、兄やトランプさんの守護霊霊言《れいげん》とか、ほかのもののもすでに読んでますけれども、そのとおりだと思ってますよ。そのとおりだろうから。あなたがたが言っていることは正しいと思ってますから。一つの心の拠《よ》りどころとして、国家をどう進めていくべきか、考えたいと思います。

私だって、日本にいたら、やっぱり、北朝鮮に対する防衛か、あるいは、「開城、開国せよ」と、どちらか言うだろうとは思いますので。

大川隆法総裁は、そのへんはすごくオープンハートな感じで、非常に、フェアに見ておられるようには思うので。幸福の科学がどのくらい面倒見《めんどうみ》がいいかは知りませんが、最後はお願いすることもあるかもしれませんので、そのときには、よろしくお願いしたいと思っております。

里村　はい。承《うけたまわ》りました。

綾織　本日は、守護霊を通して金与正さんの世界唯一《ゆいいつ》のインタビューということで、貴重なお時間を頂き、本当にありがとうございました。

金与正守護霊　私が地獄《じごく》の悪魔なのかどうなのかは、そちらのご判断にお任せしますが、あなたがたの言葉で言えば、北朝鮮にだって、「光の天使」は一人や二人はいてもいいんじゃないかという（笑）。なかに入れてくだされればありがたいなというふうに思っています。

里村　未来がそうなるように、結果においてもそうなるように、私たちも期待しておりますし、また、何か協力できること、北朝鮮の未来、アジアの未来のために、できることをやっていきたいです。

金与正守護霊　うん。この教団は、霊言等はすごくフェアに出してくださっているので、客観的で公平だと思っています。

アメリカの手の内もよく分かるし、日本も分かるし、北朝鮮の考えも、韓国の考えもよく分かるので、すごくいい。ここはすごくいいですね。うん。日本のCNNみたいな感じ、かな。

里村　はい。

綾織　世界に伝えてまいります。

金与正守護霊　ああ、発信してくださってありがたいと思います。私どもは開国を目指しますので、ぜひとも、バックアップしてくだされば、ありがたいというふうに思っています。

里村　はい。承知いたしました。

金与正守護霊　はい。

里村　ぜひ、未来が素晴らしいものになるように目指します。

金与正守護霊　はい。

10　今回の霊言《れいげん》の分析《ぶんせき》と所見

所見1：嘘《うそ》ではないだろうが、北朝鮮《きたちょうせん》国内で許容されるのか

大川隆法　（手を二回叩《たた》く）話をしてみた感じでは、確かに、お兄さんよりもこの方のほうが少し頭がよさそうですね。頭脳がとても明晰《めいせき》です。

綾織　しっかり見えていますね。

大川隆法　頭脳明晰ですね。国際情勢まで見えています。英語、ドイツ語、フランス語が読めるというのも本当かもしれないですね。

綾織　確かに、「相手の立場からも見ることができる」という面はすごいですね。

大川隆法　見えるようです。西洋でも女性のリーダーができるぐらいの力を持っている方かもしれません。

綾織　はい。

大川隆法　ただ、軍隊のなかで生き残れるかどうかは分かりません。

綾織　確かに、不安定な状態であるのは間違《まちが》いないわけですが。

大川隆法　女性ということを隠《かく》れ蓑《みの》にして、「そんなに権力欲は持たないだろう」と〝甘《あま》く〟見られているところが安全牌《パイ》のところであって、男性だったら〝消される〟可能性が強いかもしれませんね。

まあ、でも、話していた考えは嘘《うそ》ではないでしょう。おそらく、霊言《れいげん》で言ったようなことを（本人も）思っているとは思います。ただ、北朝鮮の国内情勢として許されるかどうかについては微妙《びみょう》なところではありますね。

大きく変わっていこうとするのだから、トランプ大統領が持ち上げているのも、ある程度、北朝鮮の国内報道を考えた上で言っているのだろうとは思います。

里村　そうですね。

大川隆法　すでに、戦略的には、中国のほうの揺《ゆ》さぶりに入っていると思われるので、トランプ大統領が「神の代理人」として、しっかりと仕事をしてくださることを祈《いの》りたいところではありますがね。

綾織　なるほど。むしろこれからは対中国のほうが、焦点《しょうてん》として強くなってくる感じでしょうか。

大川隆法　ただ、〝貯《た》めたドル〟を吐《は》き出させられたら、中国もあっという間に力が落ちてくるから、覇権《はけん》国家への夢は、あっという間に崩《くず》れます。こことEUと両方を揺さぶっているので、これからどうなるのか、まだ予断を許さない状況《じょうきょう》ですよね。

ただ、非武装化の部分で、核《かく》の段階的廃棄《はいき》をさせていくに当たり、北朝鮮《きたちょうせん》側が「トランプ大統領が相手でなければできない」などと言ってきたら、逆に、トランプ政権が長続きすることになるわけです。
かえって、強気の者のほうが信用できるということもあるのかもしれませんね。議会がどう言おうが、本人が「やる」と言えばやりそうな感じですし、言うことをきかない人はどんどんファイヤー（解雇《かいこ》）しますからね。

綾織　はい、そうですね（笑）。

大川隆法　これがある意味での独裁者ですから。そういう気質についてはお互いに通じているところもあるのでしょうか。
いずれにしても、金与正氏が「北朝鮮の実質上ナンバー2《ツー》」であることは明らかですね。この人は急速にスーッと浮上《ふじょう》してきているので、そうとう頭のいい人だと思います。テレビで観《み》ていても、そう感じます。兄の抜《ぬ》けているところを、全部カバーしているのではないですか。

所見2：トランプ大統領二期八年の可能性がかなり出てきた

大川隆法　今朝《けさ》、（金与正氏の）守護霊《しゅごれい》と少し話したときに、「（金正恩《キムジョンウン》氏が意見を）聞くのは私だけだ。兄は私に『これを受けていいか、駄目《だめ》か』と訊《き》いて、私が『いい』と言ったらＯＫで、『ノー』と言ったらノーだと言っている」と言っていました。

綾織　シナリオを自分でかなり書いているという印象がありました。

大川隆法　ある意味では、この霊言が国際デビューになるかもしれませんね。

里村　ええ。

大川隆法　すべてがよい方向に行くといいと思います。昨日《きのう》も、ピール先生が霊指導していたというのが、ちょっと意外ではあったのですが、うーん。

里村　いや、これは、もう本当に、起きていることの表面だけを見ていただけでは、絶対に今日のここまでの話は分からないと思います。もう、驚《おどろ》きました。

大川隆法　まあ、日本のマスコミには分からないでしょうね。

里村　もう、絶対に……。

大川隆法　絶対に分からないでしょうね。

綾織　私も分からなかったです（笑）。

大川隆法　それはそうでしょう。あなた（の守護霊）に締《し》め上げられて困っていたぐらいだから。それは、たぶん分かっていないと思いますよ。

綾織　すみません。

大川隆法　釈《しゃく》さんとあなた（の守護霊）に〝二重攻撃《こうげき》〟をされていて、羽交《はが》い絞《じ》めにされて、もう、しゃべれなくなったぐらいですから、ええ。

綾織　（苦笑）今回の霊言で、すっきりしました。

大川隆法　ええ。もっとも、対抗《たいこう》勢力が大きいから、このとおりいくかどうかは分からないのですけどね。

綾織　はい。そうですね。

大川隆法　ただ、独裁国家の場合は、切り替《か》えができるときはできるので、受け入れの考え方を持つことは大事かもしれません。

もちろん、宗教家としては、平和裡《り》にアジアの平和が担保《たんぽ》されるのだったらありがたいし、トランプ大統領としても、まだイランやシリア等の問題も待っているので、それほど簡単ではない状況ではありましょうね。国内の経済を立て直しながら、同時に、国際紛争《ふんそう》を消し込《こ》んでいかなければいけないのでしょう。これは大変な〝重さ〟だと思います。
ただ、今回、トランプ大統領も、二期八年できる可能性がかなり濃厚《のうこう》に出てきたのではないですか。

里村　はい、中間選挙に向けて、成果が上がりましたし。

綾織　北朝鮮の非核化には時間がかかりますからね。

大川隆法　まあ、それはそれでいいことだと思いますね。
こういう強い人は即決《そっけつ》するから、交渉《こうしょう》相手としてはそのほうが早いことは早いですね。

今後は中国の政治面の自由化とイスラム圏《けん》をどうするか

大川隆法　ありがたいことに、幸福実現党がまだ国会の議席を取れてもいないのに、世界中のみなさんが幸福の科学グループのことを頼《たよ》りにしてくださって、こちらへやってきます。これは、どういうことなのでしょうかね。

里村　やはり、エル・カンターレのお言葉があって、宗教パワーというのがその基盤《きばん》にありますから。

大川隆法　どうなのですかね。お世辞かもしれませんが、「幸福の科学以外に信《しん》頼《らい》できるものがない」というような言葉もときどき聞こえるので。プーチン大統領もそのようですしね。この金与正さんも、たぶん、そう思っているのでしょう。

及川　ええ。

大川隆法　「信頼できるのは、ここしかない」と思っているのでしょうね。

今のところ、こちらのほうも〝終身制〟ですからね。独裁者とまでは言わないにしても、死ぬまでは、言ったことの約束は守れるタイプではあるので。政権のほうはころころ変わったとしても、こちらのほうは、ある程度、変わらずにできますので。

「長く約束を守れるところはどこか」という目で見ているのかもしれません。

里村　確かに、そのようなところは日本でもそうですね。

大川隆法　そういうことなのかもしれないですけどね。うーん。まあ、うまくいくといいですね。

アジアにおいては、あとは中国のところですが、経済の面では自由化してきているものの、政治面についても上手に自由化を進めて切り崩していき、こちらのほうに持ってくることができたら、日本としても、とりあえず国家の生存を確保できます。

里村　はい。

大川隆法　ただ、アジア、アフリカ、ヨーロッパのところまではまだ及《およ》んでいないので、ここはまた、もっと考えなければいけないと思っています。特に、砂漠《さばく》地方のイスラム圏《けん》が絡《から》んだところをどうするか。ここは大きな課題として、宗教としてもう一段の力が要《い》るかもしれません。

大した大きさではございませんが、少なくとも今の幸福の科学が、日本のキリスト教団の最大会派よりも力を持っているのは確実ですので、何らかの交渉相手になれるなら、そのように成長していければ幸いかと思います。

里村　はい。頑張《がんば》って成長してまいります。

大川隆法　はい。金与正さんは、お元気で、安全でしたら、また日本に来てください。はい（笑）。

それでは以上としましょう。

質問者一同　ありがとうございました。

あとがき

私は、日本の宗教家ではあるが、国際政治に関して全くの素人《しろうと》ではない。ここ三十年以上にわたって、国際政治外交の観方《みかた》について情報発信を続けてきた。私の本は三十言語に翻訳され、二千三百書以上になる。もちろんギネスブックから賞状も頂いている。全世界に支部があり、百数カ国に信者がいる。トランプ氏周辺にも、北朝鮮にも信者がいるのが幸福の科学の強みである。

本書で金与正《キムヨジョン》氏の守護霊の語った「米朝会談」の最重要趣旨は、「兄・金正恩《キムジョンウン》は、アメリカとの戦争シミュレーション・ゲームで敗北したことを認めた。北朝鮮は『無血開城《むけつかいじょう》』に向けて動き出します。」ということである。言葉をかえれば、世界は北朝鮮の開国に向けて準備しなければならないということである。

宗教家として、この十年、心血を注いできた北朝鮮問題の結論がこうなら、私の設計図の一枚が完成したことになる。

二〇一八年　六月十五日

幸福《こうふく》の科学《かがく》グループ創始者兼総裁《そうししゃけんそうさい》　大川隆法《おおかわりゅうほう》

『北朝鮮の実質ナンバー2 金与正の実像　守護霊インタビュー』

大川隆法著作関連書籍

『緊急・守護霊インタビュー　台湾新総統　蔡英文の未来戦略』（幸福の科学出版刊）

『日本を救う陰陽師パワー――公開霊言 安倍晴明・賀茂光栄――』（同右）

『文在寅 韓国新大統領守護霊インタビュー』（同右）

『北朝鮮 崩壊へのカウントダウン　初代国家主席・金日成の霊言』（同右）

『危機の中の北朝鮮　金正恩の守護霊霊言』（同右）

『守護霊インタビュー トランプ大統領の決意』（同右）

『文在寅守護霊 vs. 金正恩守護霊』（同右）

『北朝鮮――終わりの始まり――』（幸福実現党刊）

『守護霊インタビュー 金正恩の本心直撃！』（同右）

北朝鮮《きたちょうせん》の実質《じっしつ》ナンバー2　金与正《キムヨジョン》の実像《じつぞう》
守護霊《しゅごれい》インタビュー

2018年6月16日　初版第1刷

著　者　　大《おお》川《かわ》隆《りゅう》法《ほう》

発行所　　幸福の科学出版株式会社

〒107-0052 東京都港区赤坂2丁目10番14号
TEL(03)5573-7700
https://www.irhpress.co.jp/

印刷・製本　株式会社 研文社

落丁・乱丁本はおとりかえいたします

ISBN978-4-8233-0010-3 C0030
カバー ZUMA Press/ アフロ／ AP/ アフロ
装丁・写真（上記・パブリックドメインを除く）©幸福の科学

大川隆法 霊言シリーズ・緊迫する東アジア情勢を読む

守護霊インタビュー トランプ大統領の決意
北朝鮮問題の結末とその先のシナリオ

英語霊言 日本語訳付き

"宥和《ゆうわ》ムード" で終わった南北会談。トランプ大統領は米朝会談を控え、いかなるビジョンを描くのか。今後の対北朝鮮戦略のトップシークレットに迫る。

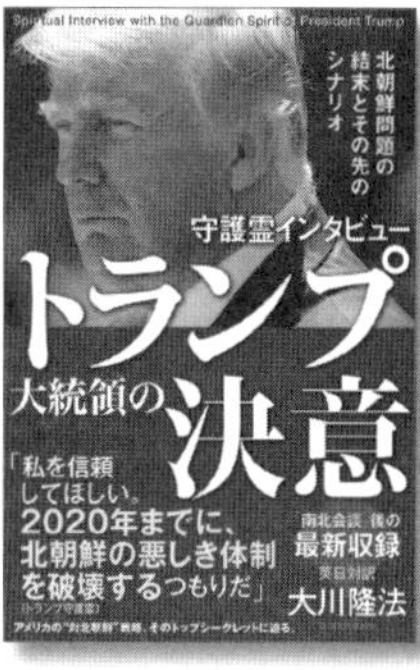

1,400円

文在寅守護霊 vs. 金正恩守護霊
南北対話の本心を読む

南北首脳会談で北朝鮮は非核化されるのか？　南北統一、対日米戦略など、対話路線で世界を欺く両首脳の本心とは。外交戦略を見直すための警鐘の一冊。

1,400円

緊急守護霊インタビュー 金正恩 vs. ドナルド・トランプ

英語霊言 日本語訳付き

二人の守護霊を直撃。挑発を繰り返す北朝鮮の「シナリオ」とは。米大統領の「本心」と「決断」とは。北朝鮮情勢のトップシークレットが、この一冊に。

1,400円

大川隆法 霊言シリーズ・三世代にわたる北朝鮮指導者の本心

北朝鮮
崩壊へのカウントダウン
初代国家主席・金日成の霊言

36 年ぶりの党大会当日、建国の父・金日成の霊が語った「北朝鮮崩壊の危機」。金正恩の思惑と経済制裁の実情などが明かされた、国際的スクープ!

1,400 円

北朝鮮
―終わりの始まり―
霊的真実の衝撃

「公開霊言」で明らかになった北朝鮮の真実。金正日が自らの死亡前後の状態を、後継者・金正恩の守護霊が今後の野望を語る。【幸福実現党刊】

1,300円

守護霊インタビュー
金正恩 最後の狙い

戦争の引き金を引くのか? それとも降伏するのか? ついに最終段階を迎えた北朝鮮問題――。追いつめられた独裁者が垣間見せた焦りと迷いとは。

1,400円

※表示価格は本体価格(税別)です。

大川隆法ベストセラーズ・日本の取るべき道を示す

国家繁栄の条件

「国防意識」と「経営マインド」の強化を

現在の国防危機や憲法問題を招いた「吉田ドクトリン」からの脱却や、国家運営における「経営の視点」の必要性など、「日本の進む道」を指し示す。

1,500円

危機のリーダーシップ

いま問われる政治家の資質と信念

党利党略や、ポピュリズム、嘘とごまかしばかりの政治は、もう要らない。国家存亡の危機にある今の日本に必要な「リーダーの条件」とは何か？

1,500円

自分の国は自分で守れ

「戦後政治」の終わり、「新しい政治」の幕開け

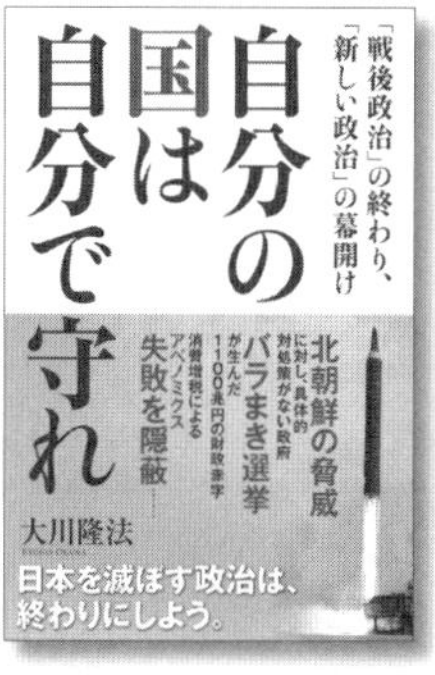

北朝鮮の核開発による国防危機、1100兆円の財政赤字、アベノミクスの失敗……。嘘と国内的打算の政治によって混迷を極める日本への政治提言！

1,500円

地球文明の誕生　宇宙人との共生　人類創世の秘密　地球神の存在
すべての“始まり”が、明かされる。
大川隆法 製作総指揮
長編アニメーション映画
2018年秋公開
宇宙の法 黎明編
The LAWS of the UNIVERSE-PART I
< STORY >
ナスカ・ユニバーシティの学生になったレイ・アンナ・タイラ・ハル・エイスケの５人は、惑星連合の応援を得ながら、宇宙からの侵入者であるレプタリアンたちと戦っていた。そのとき、邪悪な宇宙人ダハールの罠に落ち、消息を絶ったタイラを探し出すため、レイは３億３千万年前の地球へとタイムジャンプする。
その時代、地球での新たな文明の創造を計画していた始原の神アルファは、宇宙最強のザムザが率いるレプタリアンを地球に招き入れる。３億３千万年前に現れたダハールの目的とは何か。そして、レイとタイラの運命は——。
製作総指揮・原案／大川隆法
逢坂良太　瀬戸麻沙美　柿原徹也　金元寿子　羽多野 渉　／　千眼美子
監督／今掛 勇　音楽／水澤有一　総作画監督・キャラクターデザイン／今掛 勇
アニメーション制作／HS PICTURES STUDIO　幸福の科学出版作品
配給／日活　配給協力／東京テアトル　©2018 IRH Press

幸福の科学グループのご案内

宗教、教育、政治、出版などの活動を通じて、地球的ユートピアの実現を目指しています。

幸福の科学

一九八六年に立宗。信仰の対象は、地球系霊団の最高大霊、主エル・カンターレ。世界百カ国以上の国々に信者を持ち、全人類救済という尊い使命のもと、信者は、「愛」と「悟り」と「ユートピア建設」の教えの実践、伝道に励んでいます。

（二〇一八年六月現在）

愛

幸福の科学の「愛」とは、与える愛です。これは、仏教の慈悲《じひ》や布施《ふせ》の精神と同じことです。信者は、仏法真理をお伝えすることを通して、多くの方に幸福な人生を送っていただくための活動に励んでいます。

悟り

「悟り」とは、自らが仏の子であることを知るということです。教学《きょうがく》や精神統一によって心を磨き、智慧《ちえ》を得て悩みを解決すると共に、天使・菩薩《ぼさつ》の境地を目指し、より多くの人を救える力を身につけていきます。

ユートピア建設

私たち人間は、地上に理想世界を建設するという尊い使命を持って生まれてきています。社会の悪を押しとどめ、善を推し進めるために、信者はさまざまな活動に積極的に参加しています。

国内外の世界で貧困や災害、心の病で苦しんでいる人々に対しては、現地メンバーや支援団体と連携して、物心両面にわたり、あらゆる手段で手を差し伸べています。

年間約３万人の自殺者を減らすため、全国各地で街頭キャンペーンを展開しています。

公式サイト **www.withyou-hs.net**

ヘレン・ケラーを理想として活動する、ハンディキャップを持つ方とボランティアの会です。視聴覚障害者、肢体不自由な方々に仏法真理を学んでいただくための、さまざまなサポートをしています。

公式サイト **www.helen-hs.net**

入会のご案内

幸福の科学では、大川隆法総裁が説く仏法真理《ぶっぽうしんり》をもとに、「どうすれば幸福になれるのか、また、他の人を幸福にできるのか」を学び、実践しています。

入会

仏法真理を学んでみたい方へ

大川隆法総裁の教えを信じ、学ぼうとする方なら、どなたでも入会できます。入会された方には、『入会版「正心法語」』が授与されます。

ネット入会 入会ご希望の方はネットからも入会できます。
happy-science.jp/joinus

三帰《さんき》誓願《せいがん》

信仰をさらに深めたい方へ

仏弟子としてさらに信仰を深めたい方は、仏《ぶっ》・法《ぽう》・僧《そう》の三宝《さんぽう》への帰依を誓う「三帰誓願式」を受けることができます。三帰誓願者には、『仏説・正心法語《しょうしんほうご》』『祈願文《きがんもん》①』『祈願文②』『エル・カンターレへの祈り』が授与されます。

幸福の科学 サービスセンター
TEL 03-5793-1727
受付時間／
火～金：10～20時
土・日祝：10～18時

幸福の科学 公式サイト
happy-science.jp

ハッピー・サイエンス・ユニバーシティ

Happy Science University

ハッピー・サイエンス・ユニバーシティとは

ハッピー・サイエンス・ユニバーシティ（HSU）は、大川隆法総裁が設立された「現代の松下村塾」であり、「日本発の本格私学」です。建学の精神として「幸福の探究と新文明の創造」を掲げ、チャレンジ精神にあふれ、新時代を切り拓く人材の輩出を目指します。

人間幸福学部　経営成功学部　未来産業学部

HSU長生キャンパス　TEL **0475-32-7770**

〒299-4325　千葉県長生郡長生村一松丙 4427-1

未来創造学部

HSU未来創造・東京キャンパス

TEL **03-3699-7707**

〒136-0076　東京都江東区南砂2-6-5

公式サイト **happy-science.university**

学校法人 幸福の科学学園

学校法人　幸福の科学学園は、幸福の科学の教育理念のもとにつくられた教育機関です。人間にとって最も大切な宗教教育の導入を通じて精神性を高めながら、ユートピア建設に貢献する人材輩出を目指しています。

幸福の科学学園

中学校・高等学校（那須本校）

2010年4月開校・栃木県那須郡（男女共学・全寮制）

TEL **0287-75-7777**　公式サイト **happy-science.ac.jp**

関西中学校・高等学校（関西校）

2013年4月開校・滋賀県大津市（男女共学・寮及び通学）

TEL **077-573-7774**　公式サイト **kansai.happy-science.ac.jp**

仏法真理塾「サクセスNo.1」

全国に本校・拠点・支部校を展開する、幸福の科学による信仰教育の機関です。小学生・中学生・高校生を対象に、信仰教育・徳育にウエイトを置きつつ、将来、社会人として活躍するための学力養成にも力を注いでいます。

TEL **03-5750-0747**（東京本校）

エンゼルプランV TEL **03-5750-0757**

幼少時からの心の教育を大切にして、信仰をベースにした幼児教育を行っています。

不登校児支援スクール「ネバー・マインド」 TEL **03-5750-1741**

心の面からのアプローチを重視して、不登校の子供たちを支援しています。

ユー・アー・エンゼル！（あなたは天使！）運動

一般社団法人 ユー・アー・エンゼル TEL **03-6426-7797**

障害児の不安や悩みに取り組み、ご両親を励まし、勇気づける、
障害児支援のボランティア運動を展開しています。

NPO活動支援

いじめから子供を守ろうネットワーク

学校からのいじめ追放を目指し、さまざまな社会提言をしています。また、各地でのシンポジウムや学校への啓発ポスター掲示等に取り組む一般財団法人「いじめから子供を守ろうネットワーク」を支援しています。

公式サイト **mamoro.org** ブログ **blog.mamoro.org**

相談窓口 **TEL.03-5719-2170**

百歳まで生きる会

「百歳まで生きる会」は、生涯現役人生を掲げ、友達づくり、生きがいづくりをめざしている幸福の科学のシニア信者の集まりです。

シニア・プラン21

生涯反省で人生を再生・新生し、希望に満ちた生涯現役人生を生きる仏法真理道場です。定期的に開催される研修には、年齢を問わず、多くの方が参加しています。全国146カ所、海外17カ所で開校中。

【東京校】TEL **03-6384-0778** FAX **03-6384-0779**

メール **senior-plan@kofuku-no-kagaku.or.jp**

幸福実現党

内憂外患《ないゆうがいかん》の国難に立ち向かうべく、2009年5月に幸福実現党を立党しました。創立者である大川隆法党総裁の精神的指導のもと、宗教だけでは解決できない問題に取り組み、幸福を具体化するための力になっています。

幸福実現党 釈量子サイト shaku-ryoko.net
Twitter 釈量子@shakuryokoで検索

党の機関紙
「幸福実現NEWS」

幸福実現党 党員募集中

あなたも幸福を実現する政治に参画しませんか。

- ○幸福実現党の理念と綱領、政策に賛同する18歳以上の方なら、どなたでも参加いただけます。
- ○党費:正党員（年額5千円［学生 年額2千円］）、特別党員（年額10万円以上）、家族党員（年額2千円）
- ○党員資格は党費を入金された日から1年間です。
- ○正党員、特別党員の皆様には機関紙「幸福実現NEWS（党員版）」が送付されます。

＊申込書は、下記、幸福実現党公式サイトでダウンロードできます。
住所:〒107-0052　東京都港区赤坂2-10-8 6階 幸福実現党本部
TEL 03-6441-0754　FAX 03-6441-0764
公式サイト hr-party.jp　若者向け政治サイト truthyouth.jp

出版 メディア 芸能文化　幸福の科学グループ

幸福の科学出版

大川隆法総裁の仏法真理の書を中心に、ビジネス、自己啓発、小説など、さまざまなジャンルの書籍・雑誌を出版しています。他にも、映画事業、文学・学術発展のための振興事業、テレビ・ラジオ番組の提供など、幸福の科学文化を広げる事業を行っています。

アー・ユー・ハッピー？
are-you-happy.com

ザ・リバティ
the-liberty.com

幸福の科学出版
TEL **03-5573-7700**
公式サイト **irhpress.co.jp**

THE FACT
ザ・ファクト
マスコミが報道しない
「事実」を世界に伝える
ネット・オピニオン番組

ザ・ファクト　検索

NEW STAR PRODUCTION

ニュースター・プロダクション

「新時代の“美しさ”」を創造する芸能プロダクションです。2016年3月に映画「天使に“アイム・ファイン”」を、2017年5月には映画「君のまなざし」を公開しています。公式サイト **newstarpro.co.jp**

ARI Production

ARI《アリ》 Production《プロダクション》

タレント一人ひとりの個性や魅力を引き出し、「新時代を創造するエンターテインメント」をコンセプトに、世の中に精神的価値のある作品を提供していく芸能プロダクションです。公式サイト **aripro.co.jp**

大川隆法　講演会のご案内

大川隆法総裁の講演会が全国各地で開催されています。講演のなかでは、毎回、「世界教師」としての立場から、幸福な人生を生きるための心の教えをはじめ、世界各地で起きている宗教対立、紛争、国際政治や経済といった時事問題に対する指針など、日本と世界がさらなる繁栄の未来を実現するための道筋が示されています。

2017 年8月2日 東京ドーム「人類の選択」

2017 年5月14 日 ロームシアター京都「永遠なるものを求めて」

2017 年4月23 日 高知県立県民体育館「人生を深く生きる」

2018 年２月３日 都城市総合文化ホール(宮崎県)「情熱の高め方」

2017 年12月7日 幕張メッセ(千葉県)「愛を広げる力」

講演会には、どなたでもご参加いただけます。
最新の講演会の開催情報はこちらへ。⟹

大川隆法総裁公式サイト
https://ryuho-okawa.org